一本義女のドタバタが、
世の中を動かす
こともあるのだ！

市役所《おやくしょ》の女

植木とみ子

海鳥社

挿入絵・保坂真紀

はじめに

これはあるとき思いもかけずお役所勤めをすることになった私の、十六年間の紆余曲折を赤裸々に綴った日記です。

私は、それまで大学という当時はまだ特別自由な空間で、思い切り気ままに仕事をしていました。「先進的で、歯に衣着せぬ発言をする」と言われ、行政に対してもどちらかというと注文の多いほうでした。そんな私ですから、「お役所の壁は厚いよ」「落下傘部隊なのだから、着地前に撃ち落とされないように」など、転身を相談した仲間からはずいぶん脅されました。いっぽうで、「民間の風を市役所に」とか「役所の壁に風穴を開けて」など、大きな期待の声もありました。

その通り、はじめ市役所は異次元の世界でした。毎日毎日が驚きの連続でした。「どうしてこんなに一般社会の言葉が通じないんだろう」と、もがき苦しんだこともありました。しかし、いろいろな試行錯誤と職場教育のお陰で、私も少しずつお役所流を習得していきます。また私を理解して積極的に助けてくれる職員も増えてきました。

市役所では、以前は学者として外から批判してきた様々な問題を、自分自身で引き受けて解決していかなければなりません。その中のいくつかは、本当に実現し、自分でも嬉しく思っています。私の力不足で、そのまま課題として残っているものもたくさんあります。もっともっと、市役所と市民のみなさまの思いの橋渡しができればよかったのにと、心に残ることもあります。互いが理解し合うと、批判が共感に変わることも多いでしょう。

それでも、ただの学者だった私が、ドタバタの市役所生活の中で、信じられないくらい多くの市民のみなさまの叱咤激励を受け、これまで想像もできなかったような大きな仕事に奔走することができました。そこで、この市役所を去るにあたり、これまでの役所生活での貴重な経験をみなさまにお伝えすることにいたしました。市民のみなさまに「へエーッ、そんなことがあるの？」と興味をもっていただき、市役所をより身近に感じていただければ幸いです。また、市職員の方々には、お礼の気持ちとともに今少しのお願いも込めています。

私が市役所職員となって、当初のご期待に少しでもお応えすることが出来たのか、少し静かになった日々のなかで自問自答しています。

植木とみ子

二〇〇九年三月十五日

市役所の女◉目次

始まりは突然に【平成三年】

転身

「市役所で働いていただけませんか?」

ホテルニューオータニ二階のカフェテラス、平成三年二月半ばの昼下がりで、緑のプランツの間から明るい陽がさしていた。初対面の福岡市の友池一寛助役からそう切り出されて、私は何の事やらさっぱり見当もつかず、たぶん鳩が豆鉄砲を食らったような顔をしていたと思う。

「この四月から女性の地位向上のために『女性部』を新設するに当り、初代の部長に適当な人を捜していたのですが、あなたの名前が浮上しました」

今日のこの場をセッティングしたのは、いま、同席して下さっている女性センター・アミカス館長の緒方世喜子さんだ。「そういえば昨年の秋、女性センターで講演をしたんだったな。でも、なんで私が今さら市役所の職員に?」

今から十八年前、私は長崎大学の教官だった。当時の大学は研究費も潤沢、公務員バッシングもなく、今は常識になっている他人様からの大学評価なんて「失礼な！」と一蹴し、研究にも教育にも自分のペースでじっくりと取り組めていた時代。大学の先生と○○は三日やったらやめられないと言われていた。ついでに恥ずかしながら自慢をしてしまうと、とくにその時は家族の機能低下に関する全国的な共同研究で、私は事務局長を務め学界でもちょっとは知られ、また、あこがれのオックスフォード大学に「あなたの机は用意していますよ」と、長期研究で受け入れてもらえるはずだった、そんな時代。

四年後に福岡市で開催予定のユニバーシアードに協力してくれとか、もっと軽いお願いだったらよかったのにな。でも、このままここでお断りするのもなんだか大人げないし……。

「中から上げてもインパクトがないし、第一適当な人材がおりません。あなたの思い通りの施策をやってくださって結構です」

えーっ、それってなに?

「あまりに突然のことなので、申し訳ありませんが、今しばらく考えさせていただきたいのですが……」

日頃からそそっかしくて、手も口も早い私にしては上出来の如才ない返事をして、あとは四方山話に移った。

「へぇー、市役所の人って案外スマートなんだ」がその時の印象。

一時間もしてお二人と別れ、ホテルからの帰り道、青い空を見上げ、突然「やってみてもいいかな……」。

女性の地位向上は私の究極のテーマだし、研究者として様々な提言をしてきたけれど、それを自分の手で施策として実践できるというのはとっても魅力的。いや、まだまだ、もうちょっと冷静に考えよう。その日、思いは行ったりきたりでなかなか寝付けなかった。

翌日、ゼミの女子学生に恐る恐る相談を持ちかけると、「先生、ぜひやってください！　私たち、まだまだ女だからって悔しい思いをすることがたくさんあります」。

若い人はさすがに決断が早い。この声に押されるようにして、その日の内にお受けしたい旨の手紙を書いた。

これが、喜びと苦難のない交ぜの市役所生活の始まりだった。

四月十一日、市長室で市長から辞令を交付される。新聞社やテレビ局のカメラがたくさん待ち構えていた。

「ア、もう一度辞令をもらうところを」

「もうすこし笑顔で」

何回かポーズをとって、終わるとそのまま市政記者室へ案内された。楕円形のテーブルの向かい側には新聞記者が十数人、その後ろにはテレビカメラが数台。

ちょっと大げさすぎるんじゃない？

「今の気持ちは？」

タレントの結婚じゃあるまいし、「張り切っています」。

「なぜ、大学を辞めて市役所に？」

こっちこそ今それを考えているのに、「お誘いがあったものですから」。

「女性部長としての抱負を一言」には、「女性部なんていらない社会を作るためです」。

会見が終わって、会場を出るときに、さっき質問した記者から「もったいないことをしましたね」と声をかけられた。そのときにはその心が分からなかったが、ずいぶん後になってその謎が解けた。私はやはり苦労知らずだったのだ。

このニュースは主要紙で全国に流れ、ある新聞では囲みで「華麗なる転身」ときた。こっちは、これまで週二〜三日の出勤で、長い夏休みもあったのに、明日から毎日九時から五時半まで、はたして体が持つか、ただそれだけが気掛かりだったのだけど。女性部新設というのが全国初で、また学者から行政に転身というのもレアケースだったにしろ、この大げさな報道はなんだ。

一つにはニュースソースを出す側、つまり役所の担当者が巧かったということもあるのだろう、ともかくこのときまで一民間人（実際は私は国立大学に勤めていたので国家公務員だったのだが）が部長になるということをずっと伏せていた。でも、「なにもまだちゃんとした仕事をしたわけでもなし、結果が出てからきちんと評価して書いてよ」と思ったのだが、多くのマスコミは仕事の出来不出来などあまり興味を持たない、珍しい出来事しかニュースにはならないというのは、これ以降嫌というほど知らされた。

ちなみにこの十一日の辞令交付というのも、本来一日であるところ市議会議員選挙が終わって一段落した時期をねらってのこと。たいへん心憎い演出だ。

部長室に案内された。そこには、電話と「女性部長」と書かれたプレートが置かれた机と小さな応接セット、同じ色の小さなロッカー、それと、部下となる人たちの心づくしの緑の鉢があった。ほどなく若い女性が、ボールペンや朱肉、はさみなど、お菓子の箱に入れた文房具セットを「これをお使いください」と持ってきてくれた。

「行政の苦労も知らない、生意気な大学教員に大切な部長の職を任せるなんて！」

「どうして、自分が女の上司に仕えなければいけないんだ！」

一部の市役所職員の思惑もよそに、さあ、今日から私も市役所職員だ！

部長室の壁

「お役所の壁は固いよ」と言われながら、毎朝九時出勤の生活が始まって、ようやくひと月、六人の部下の名前も覚えた。ぽつんと離れた仮住まいの部長室から、女性部みんなが一つの部屋に入れる日も近い。そうするとみんなの仕事も見えてくるだろう。

新しい部長室を作る工事が始まろうとするある日。

「実は、みんな新しいところには移りたくないんですよねェ」

「なぜ？　私と近くなるのは嫌なの？」

「部長室で窓際を全部塞がれると、執務室から外が見えなくなるんです」

役所の部長室は個室で三〇平方メートルという基準がある。移転予定の部屋で基準通りの部長室を確保しようとすれば、なるほど窓際を全部占領するしかない。

「無理に個室を作らなくてもいいわよ。その方がみなさんの顔もよく見れるし」

「いや、これは昨年度の内に決済を取って、資材ももう発注していますので、いまさら変えられません」

「でもそれで職員の士気が下がるのなら、元も子もないでしょう」

「たとえそうであっても、税金で買った資材を無駄にするわけにはいきません」

よく融通が利かないことを「お役所仕事」と言うが、まさにその通り。真面目なんだか、ふざけているのか分からない。

「ともかく、何とか考えてください」と、その場は引き下がるしかなかった。

一週間後、

「部長、やっと何とかなりました。資材の引取先が見つかったんです！」

なんと、課長は市役所全体をくまなく探し、部屋を仕切る資材を必要としているところを見つけ、管財課に使用場所を移すことを掛け合ってくれたのだ。この課長は、当初「大学のガチガチの先生ごときに仕えられるか！」と、辞令を受けてから一週間、出社拒否をしていた柳善博氏。今では、「植木と柳、どちらも木（気）がつきまースッ」と張り切って仕事をしている。

「まるでお役所ねではなく、さすがお役所ね」とこちらも気分よく応える。

こうして、三方丸く収まり、一つの部屋に仲良く入居することができた。窓際にはいただいた花々が並び、私の机と応接セット、続いて、課長と係長の机、係員二名と嘱託の専門員二名の机が

くっつけて配置されている。廊下側には市民の方々の相談に乗ったり、チョットした作業ができるようなテーブルといす、参考資料などの戸棚で目隠しをした厨房スペースも用意された。こぢんまりしているがなかなか気持ちの良い空間に仕上がっている。

ただ、部下たちには、そして私にも、つまり互いにいつも見られていたくない事情もあるので、私の机の横には小さなパーティーションを置いた。おかげで、私はこのときからやっと、少しは居眠りすることがあったかも知れないが、係員や係長、課長の仕事の見よう見まねで、役所の決済や供覧のやり方から始まる、いわゆる「お役所の掟」を学ぶことができるようになったのである。

部長室を作らなかったことは、私にとってはよかった。しかし、そのとき私は後任のことまでは考えていなかった。職員が課長から部長に昇任したときに、その喜びの一つに自分の個室を持てるということもあるらしいとは、後から気づいたこと。後任の女性部長には、この点で迷惑をかけていたかも知れない。

でも、それから十年後、やはり私のいた市民局から徐々に部長室を廃止して、パーティーションで区切るだけのレイアウトにするところが出てきた。そして今では、部長室はほとんどなくなっている。女性部は時代の最先端を行ったわけだ！

「女性」部長とはなんの「助成」をするのかとよく聞かれた。

またある時は、「佐賀の労働組合から電話デースッ」。

「はい、女性部長、植木です」

「こちら佐賀の婦人部長です。突然ですが、オタクは女性の制服はどんなにされていますか?」

「制服なんて、個性をつぶすものではありませんか。私はあまり好きではありませんが」

「いや、そうではなくて、制服にかかる費用とか……」

「だからわざわざ、制服なんか着なければよろしいでしょう」

「いや、市側にどのくらい要求し……」

ここで、互いにはたと気がついた。佐賀の人はうちの市職労の婦人部長に電話をしているつもりだったのだ。

このような間違いはほかにもよくあった。ある市に講演に行って、市長に紹介された。あまり態度が良くない方だなと思っていたら、案の定、聴衆のみなさんに向かって私の紹介を「労働組合の女性部長をされておられ……」とやった。主催者に指摘されたのだろう、直後にあわてて私のところにやってきて、いまさらながらに握手を求められ、「今から市の優秀な女性職員を十名ばかり出しますのでよろしく」と言って、ご自分はそそくさと帰られた。蛇足ではあるが、この市長は次の選挙で残念ながら落選した。

制服といえば、防災服は自分勝手に好きなものを着るわけにはいかない。防災訓練に向けて私にも防災服が支給された。といっても、男性用のものしかない。上着は胸に合わせればおなかがダブダブ、ズボンもお尻に合わせればこれまたウェストがダブダブ、おまけに股上が短くてヒップハンガーになってしまう。かっこ悪いったらありゃしない。他の女性職員も男性用のものを無理して着ている。こんなものかとあきらめて防災訓練に臨んだ。

でも訓練に参加している自衛隊を見てビックリ。女性隊員の迷彩服姿が、胸もお尻もパリッとして、しかもウェストのくびれがこれまたキュッとしまって、実にかっこいい。その彼女が、きびきび動く姿はとても気持ちが良かった。

さっそく、このことについて意見をした。「多くの市役所の女性職員が市民の防災のために男性職員と一緒に働いているのに、防災服が男性用のものだけであるというのはいかがなものか」と。幸い意見はすぐに採用された。女性職員のために一番初めにした実質的な仕事は、女性用の防災服を作った事だったかも知れない。今ではなにか災害が発生するとすぐに、たくさんの女性職員が当たり前に防災服を着て、男性と同じに最前線で頑張っている。

お役所の掟

役所に勤め始めて、いろいろな事を覚えた。冠婚葬祭などの儀礼的交際に関しては、やはり役所がその地域の一番常識的なやり方を採用しているようなので、これまで新しがり屋で常識なんて破るためにあると尖っていた私の行動も、いちおう世間的なものに矯正されてきたみたい。今では地域の人たちから伝統的なやりかたについて、いろいろ相談を受けるほどになっている。

未だに慣れないのが、決裁の時に添付されている伺書の「――してよろしいか」という表現など、いわゆる役所言葉。普通だったら、「よろしいでしょうか」「いいですか」ではありません？　また条例改正の理由書には「――するによる」、何があってもこの言葉、これも「――するためである」が日本語として普通なような気がするんだけれど……。議会答弁の時の「研究します」は、「しません」という意味、「検討します」は一歩前進。これに議員の所属会派、影響力などを考慮に入れて、「前向きに」とか、「慎重に」とか修飾語を付け加える。議員はこれをよく聞き分けて、怒ったり感謝したり。

年四回の定例議会は、議員にとっても理事者にとっても晴れ舞台だ。よく、議会があるから仕事が進まないという愚痴が聞かれるが、行政は議会＝市民に対して責任を持って仕事をするわけだから、ほんとうはもっともっと基本的なところを真剣に議論してもいいのではないかと思う。新人議員さんはさすがに緊張して、議員と理事者の質疑応答をメモを取りながら聞いている。また理事者も、とくに初めて局長になりいわゆる「ひな壇」に上がった者は、答弁をするときには緊張のあまり声が震えることもある。

しかし、これが慣れてくると、質問も答弁もただ読むばかりが多いので、どうしても眠くなる。議員席では寝ている人もいるし、私語をしたり、途中で議場を抜け出したり。ところが、理事者側にはこのことは許されていない。たとえ、自分にはまったく関係のないところでの質疑応答がなされているときでも、いつ関連で質問が飛んでくるか分からないという理由で、外に出ることはおろか、居眠りもきつく叱られる。で、議会中はトイレに立たないよう水分は控えめに、また、決しておなかを壊さないよう生ものは食べない、さらに眠気防止のためには食事の量も控えめにとか、本題以外のところで気を遣う。

これは、そろそろ寒くなってきた頃の決算委員会での話。

委員会は議会の下部機構として、議会で付託された案件を審議するいわばミニ議会だ。理事者側は課長以上が出席し、まずは課長が答え、これで埒《らち》が明かないときには部長の出番、局長は最後の最後、あいさつ程度というのがまあスムーズな流れ。

初めのうち、女性関係の質問があると、私は待ってましたとばかりに手を挙げて、とうとうと答えていた、大学の講義みたいに。これが一番議員に嫌われるらしい、答弁は簡潔に！　それにまずは、よく知らなくても課長から答えるのがルールらしい。

決算委員会ではまずは理事者側から決算状況の説明がある。だれが説明するかは局によってそれぞれ違っている。私のいる市民局では、まず総括的なところをあいさつをかねて市民局長が説明し、つづいて全体の事業の概要を総務部長が、さらに各部長が自分の担当部分を説明するという式次第だった。

さて、もう始まってから一時間以上経った、そろそろ私の出番。

「さっき副委員長も用を足しに席を立たれたみたいだし、私もすっきりして説明に臨みましょう」

委員長にニッコリ会釈をして優雅に席を立ち、化粧室に行ってついでに髪も直し、また優雅に席に戻った。おかげで落ち着いてしっかりと説明ができた。

いよいよそれから質問の時間。市民局はカバーする範囲が広いから、質問もあちこちに飛ぶ。たいがい飽きた頃に女性部関係の質問が飛んできた。「これは想定問答で練習していたものだから、課長も簡単に答えられるわ」と平然としていたが、どうも課長の様子がおかしい。ただ想定問答集の回答の欄を読んでいるだけなのに、つっかかりもっかかり、声も上がり下がりが激しい。最後には私も補足をしてようやく切り抜けた。

ほどなくして、市民局関連の委員会審議は終了を告げられた。約三時間半の長丁場。終わったとたん局長、部長はじめみんなが青くなって部屋を飛び出した。なんとみんなトイレに駆け込んだのだ。寒くなり始めの時期で、みんなまだ体が慣れていなかったのだ。

件の課長、「いや、実は僕もちょっと抜け出して行こうと思っていたんですよ、その時部長が立たれたので、『なんや女性部は、部長も課長も』と思われたらいかんと考え、ぐっと我慢しました、でも、たまらんやったですよ」。

議員はしょっちゅう、委員会室を出たり入ったりできる、でも理事者はできないんだそうな。ありがとう課長殿。

なんと、私は委員会中にトイレに立った初めての部長だったらしい。このことを知り合いの長老の議員さんに話した。このような苦労を理事者がしているとは、これまで気がつかなかったらしい。さっそく部屋会議に諮ってくれて、その後、委員会のはじめには「トイレタイムはご遠慮なく」と委員長がひとこと添えるようになった。そしてもっと後には、だいたい二時間を目処に、かならず小休止が入るようになった。

このことに限らず、議会のあちら側とこちら側では、ずいぶん雰囲気が違う。まず議員側は、果敢に選挙に出ようという人たちの集まりであるからやはり元気が良い、またはっきりしている。それに比べて理事者側は、厳しい試験にパスしたというだけでなく、市役所勤務という基本的に市から外への転勤がない職場を選ぶという、そのことから推測するに長男型のいわゆるお利口さんタイプが多いようだ。たとえは悪いが、ひとことでいえばガキ大将と、学級委員といったところか。もちろん一人ひとりはそうでない方もいらっしゃるが、集団で見るとそんな感じがする。

しかし、そのような違いもここ十年ですっかり薄れてきたようだ。はじめの頃は、議員さんが定刻に集まらずに、議会の開会が遅れ、理事者側はじっと待たされるという場面もあった。待ったあげく徹夜に及ぶ事もあった。また、議員さんからこっぴどく叱られることもあった。根回しもたいへんで順番待ちの列があった。今では、議員さんはとってもお行儀が良くなり、また優しくなった。何も大きな問題がない限り議会は時間通りきちんと始まるし、徹夜に及ぶ事はない。怒鳴られる事も少なくなった。しかし、どことなくおおらかさがなくなり、市政に関する考え方もひとまわり小さくなったような気がしてならないのは、私だけだろうか？

筆禍舌禍

学者の時には、けっこう自由に発言してきた。原稿もよく書いたし、講演もたくさんこなした。自分で言うのも何だが、講義もけっこう人気があったし、はっきりした歯に衣着せぬ物言いが、私の売りだった。もっとも後から私の耳に入ったところでは、市役所内部でこのような私に対して「世間を知らないわがままおばさん」との陰口もあったということであるが。

控え室で議会中継を見ている私のところに、課長が慌てて飛び込んできた。

「学者時代に書かれた論文で、同和問題に触れたものがありますか」

「あるわよ、間接的にだけど、婚約不履行に関してね」

「ちょっと法制課に持って行きますので、貸してください」

「いったい何事なの？」

「広島選出の小森龍邦衆議院議員が、ひょっとしたら国会で取り上げるかも知れないそうです」

「なんで？」

「ついこの前、福岡県の職員が差別のビラをまいて問題になったじゃないですか。そのことに引っかけて、福岡市も同和問題を理解していない者を部長にするとは何事か、という趣旨だそうです」

冗談じゃない、コチトラ女性差別をはじめ人権問題は専門家として、これまでちっとは活動してきたんダイ！

件の論文とは、現代における婚約はどの程度保護されなければならないかを、法学的、社会学的に論述したものである。この中で、部落差別を理由とした婚約破棄であると認定し慰謝料の支払いを命じた一事案について、事実関係を詳細に見ると、この事案においてはそもそも婚約をしていたと認定したことに無理があると指摘した。

この事を捉まえて、ある読者が女性部長は部落差別にまったく理解がないと、この議員に通報したのだそうな。それこそ事実誤認もはなはだしい。腹が立って、「私は戦いますよ、けっして負けませんから」と言い放った。時を経ずして、友池助役に呼ばれた。

「この件は組織で対応します。あなたは、しばらく何も動かないでください。悔しいだろうが、我慢してください」

本当に悔しかったし、何よりも訳が分からなかった。

何をするんだろうとしばらく様子を見ていた。地元の何人かの関係者に会ったことは別として、他に何も動きはなかったが、一カ月くらいして東京に行く手はずになった。衆議院議員会館で小森議員に会い、いろいろ雑談をして、議員の著書を三冊ほどいただいて、そのまま福岡に帰った。またそれから二週間ほどして今度はその通報した人に会いに行った。この人は小さな市の職員で、昼食をしながら雑談をして、街を案内してもらい、帰りには地元の海産物のお土産までいただいた。このおみやげは、その日の夕方、市役所の食堂で調理してもらって、市民局の暑気払いの肴となった。

かくして、この件は落着。

「僕に言ってくれれば、ちゃんと戦ったのに」

件の本の編者だった、東京大学の社会科学研究所所長利谷信義教授は悔しがった。

しかしその後、部落解放同盟の上杉佐一郎委員長と対談をさせていただいたり、情報交換の場をいただいたり、これまでは考えられなかったようなすばらしい経験をさせていただいた。この問題があったからこそ、かえって大きなチャンスをいただいたわけだ。組織ってこんなものなのかと、実感した。また、件の市からは、その後何回か、人権問題の研修会に講師として招かれた。

筆禍で嫌な目にあったのは、どこかの産婦人科医からの「貴様の地位はないものと思え！」

との脅迫電話。

その頃、私はまだ学者の延長線上で、とあるミニコミ誌に私の専門の家族関係についてやさしく解説するコラムを連載していた。親子関係には、妊娠出産といった生物学的な親子関係と育てることにより社会的に作られる親子関係があるが、人工授精子や体外受精子、代理母などについては、法的な取り扱いの基準も確定されないままに事実がどんどん進行しているので、子どもの法的な位置づけはどうなるんだろうという趣旨の文章を書いた。

多分、このような先進的な治療（？）をしているお医者さんが、この記事を読んだ患者さんから法的なことを聞かれたのだろう。それで「一介の市役所職員がイラン事しやがって」、「自分たちの仕事をじゃましやがって！」そんな気持ちからだったのだろう。「お前の地位なんか、どうにでもなる！」との恫喝になったのだった。

これが同じ事を言ったり書いたりしても、学者の時には面と向かってこのような脅しはなかった。市役所職員はつねにこのような理不尽な脅しに直面しているのだと、その時少し分かった。

反対にこれは、とってもよかった思い出。

やっぱり、はじめは私のコラムについてのクレームからです。

編集者があわてた様子で電話をしてきて、「たいへんなことになりました。Mさんという方が、先生の記事はプライバシーの侵害だと、ものすごい剣幕です」

そうだ、ついうっかりしていた。それは人づてに聞いてたいへん感銘を受けた話で、その夜の内にさらさらと書いて送稿した文章。その証拠に掲載後、多くの方から「とてもいいコラムでしたね、文章にとても勢いがありました」と感想をいただいた。しかし、ご本人に掲載許可を得るのをすっかり失念していたのだ。読んだ方々からの電話で、ご本人の知るところとなった。

私はとりあえずご本人に電話をして謝った。ともかく謝って謝って、そして私がいかにその話に感銘を受けたかを一所懸命に伝えた。二時間近くの電話での会話の末、気がついたら二人はすっかり意気投合して、友達になっていた。ともかくすばらしい人。その人はご自身小児麻痺の障害を抱えながら、いろいろな社会活動を精力的にこなしている。そしてお付き合いはその後十数年経った今でも、ずっと続いている。距離的には離れているが、親友の一人である。その人の名は水間摩遊美さん。

筆が取り持った縁である。書くこと、話すことを恐れてはいけないと思う。

歩く広告塔　女性部長【平成三──五年】

それが権力だよ

私を福岡市に招いてくれたのは、前職の労働省事務次官当時に男女雇用機会均等法を成立させた桑原敬一市長。ちょっと前に、お医者さんで保険所長や衛生局長として活躍していた加藤笁子さんを、全国初の女性助役に抜擢した人だ。これ以後、全国的に女性が副知事など行政のナンバー2の地位に就くようになった。また、森山真弓元法務大臣や赤松良子元文部大臣らは桑原氏の労働省時代の後輩に当たる。この方々が福岡市を訪問されたときには、市長はかならず私を呼び出して同席させてくださった。そのようなわけで、女性労働や女性の地位に関しては市の誰よりも理解があり詳しかった。私はこの市長の下で、女性の地位向上のために精一杯働かせていただいたことを、心から誇りに思い、感謝している。

さて「何でも思ったとおりにやりなさい」と言われてはいたが、まずはこれまで行政主導で進めてきた、地域で女性の地位向上のために活動する団体を育成し強化することと、行政内部の諸々の委員会などへの女性の登用促進とは、継続して取り組まなければならない重要な課題である。いっぽうで、私は意識啓発というのは上から教え込むよりも、自分で経験して学び取ることが一番の方法だと思っている。その意味で、女性部の実行部隊である女性センターの役割はとても大きい。私と同時に民間から採用された女性センター・アミカス館長梁井迪子さんはとても明るく元気な方で、様々の新たな事業に積極的に取り組んでくれた。

女性センターでは、この年から「女性が自ら企画し、自ら実施する」事業として、「ふくおか女性まつり」の開催を決めた。十月二十六日から十一月九日までという開催期間の中で行政はメインイベントだけ企画運営し、あとは「この指止まれ」方式の参加企画が中心。コンサート、ロックバンド大会から、女性と政治、セクシャルハラスメント、エイズ、環境、人権などを考えるシンポジウム、写真展、講演会など、三十二のイベントが繰り広げられ、二万五千人の女性たちが主体的に参加した。これらはほとんどすべて福岡の女性たちが自主的に企画し、運営し、開催費用さえ自分たちで寄付を募ったり、チケット収入でまかなったものである。さらに全体運営もボランティアでなされた。

このような試みは全国的にも初めてのことだったので、女性たちはおおいに燃え上がり、このときに結成されたグループはその後も継続して様々な活動を続けている。女性団体も一挙に増え、この間のネットワークもさかんになった。また全国からも注目され、「福岡の女性は元気がいい！」とアピールすることにもなった。なおこの「ふくおか女性まつり」は、この後も隔年で引き続き開催されている。

「ふくおか女性まつり」の次の年の平成四年には「国際女性フォーラム」を開催した。この二つのイベントはそれ以後毎年交互に実施されている。「国際女性フォーラム」は、国際都市福岡に相応しい女性となるべく、国際的な問題を市民全体で勉強しようと企画したプログラムである。最初の年は「環境」をテーマに、これも市民の力で作り上げるということで、福岡の女性の中から公募で選んだ市民リポーターを、海外に派遣してそれぞれの環境事情を調査し、市民に報告してもらうというものである。

この調査にテレビ取材班を同行させることにした。このテレビ局との協働については、当時テレビ西日本のディレクターであった臼杵昭子さんにたいへんムリなことをお願いした。福岡にはそのとき四社の民間放送局とＮＨＫの福岡放送局、計五局あったのだが、これらを全部巻き込んで共同で環境問題を考える一つの作品を作れないかと相談したのだ。なんと向こう見ずなお願いをしたことか、いま思ってもほんとうにものを知らなかったと、冷や汗が出る。

臼杵さんは私の気持ちを深く受け止めて、上司に相談してくれた。そしてちょうどその年、テレビ西日本が九州の民間テレビ局の連絡会の幹事をしていたということも幸いし、各局部長クラスの人たちの集まりで私たちの計画についてお願いする場を設けてくださった。女性部がそれだけ注目されていたことと、民間との協働がまだ珍しかったからだろうか、みなさんは私たちの提案にとても積極的に応じてくださった。

このようにして、「市民リポーター一人について一局ずつ取材クルーが同行する。作り方、オンエアーの仕方は各局自由」という枠組みができた。そして、ドイツ、東南アジア、韓国、アメリカのそれぞれの国の環境問題の実態と、その取り組みの現状を取材してもらった。NHKにはこれら民放各局の取材テープをもとに、一本の環境番組を作ってもらった。このようなマスコミの連携は後にも先にもこの時だけだと聞いている。これらを各局で流し、シンポジウムの中では市民リポーターがそれぞれ自分の訪問した国のVTRを使いながら、報告会をした。またそれを受けて「私たちはいま何をするべきか」のシンポジウムを開催し、市民の環境についての意識をおおいに盛り上げることができた。

イベント続きの話で恐縮だが、平成五年には「日本女性会議」という国レベルの女性の地位向上のための大会も引き受けた。これについてはまた後で触れるが、女性ばかりのシャドーの内閣を作って、環境問題、労働問題、教育・福祉問題、国際問題について課題と対策を話し合うという趣向がたいへん話題になった。またこのために樋口恵子さん、大宅映子さん、堀田力さんなど各界の様々な著名人にも出席していただき、普通では会えない方々のお話を間近にお聞きすることができたのである。

　このようなイベントで啓発することとあわせて、女性たちが自発的に学習するための資料が要るというので、教本作りにも取り組んだ。

　一つは大人の勉強用の資料集、もう一つは子どもたちのための読本。本作りは私の得意分野、これまで研究者として何冊もの出版に携わってきたんだもの。

　大人用は日頃からお世話になっている何人かの女性問題研究者に声をかけ、勉強会を組織して全体構想を練りながら共同執筆の形を取った。さらにせっかくだから市販できる物をということで、多くの著名な方々にコラムを寄せていただき、さらにその頃ＪＲ九州の列車のデザインや内装を多く手がけて売れっ子だった有名デザイナー水戸岡鋭治さんに、福岡の女性応援のために破格の安い値段で装丁をお願いし、地元の海鳥社から『現代女性図鑑　福岡からのメッ

セージ』というすてきな本を刊行することができた。じつは、そのちょっと前に私は個人的に『現代家族図鑑』というエッセイ集を他の出版社から出しており、私の心の中では姉妹本ができたという満足感を味わうこともできたのだが、これは内緒の話。

子どもたちのためには、まずは思春期の中学生がきちんと男女平等を学べるようにと、教育委員会と共同して『みきとたかしの青春日記』というワークブックを作った。この道で名高い斉藤文男九州大学教授にお出ましいただき、現役の中学校教師と勉強会をしながら、中学生が楽しんで自分の事として考えられるようにと腐心した。すべての学校で使ってもらえるように、教師用のマニュアルも作り、講習会も開いた。

ともかく思いのままに仕事ができた。このことを私の尊敬する東京大学教授で政府のいろいろな委員もしておられる利谷先生に話をした。先生はひと言「それが権力だよ」。私は深く納得した。

「そうだ、このように自分の作った計画を実現させることができるのは、福岡市役所という大きなバックがあるからなんだ」

そしてもっともっと行政で勉強し、仕事をしたいと思った。

女性の仕事支援

じつは私は市役所にトラバーユする前、長崎大学に勤めていたときに、ほんの小さな小さな規模だが、個人的に〝まちづくり〟をしようとしていた。コミュニティ作りは私のライフワークで、いろいろなニーズを抱えた人たちがそれぞれ補い合って生活する、個々の家族を超えていわば大きな家族のような気持ちで優しく助け合うコミュニティ、そんな場所を作りたいという夢をずっと持っていたのだ。たまたま長崎に父が所有していた土地があったので、ここにいくつかタイプの違う家を作り、思いを一緒にする入居者を募っていたところだった。

夫に去られた私が、生まれたばかりの子どもを抱えてこれまで仕事を続けてこられたのは、ひとえに私の父母と共同保育のなかまの助けがあったればこそ。父母の家の上階に住まい、また共同保育所をこの家の隣に誘致して、おかげで私が長崎への通勤をしながらも、子どもはたくさんのおじさん、おばさんや擬きょうだいに囲まれながら、安心して心豊かに成長することができた。この個人的な経験により、女性が結婚して仕事を続けて行くための条件は、育児に関するきめ細やかな援助が第一、それも家族のような血の通った援助が一番いいということが、私の信念になった。それで、私の教え子は教師になる人たちだから、まずはこの教え子たちのために少しでも力になるならと始めたささやかな事業。

女性部長になってからもこの思いは変わらなかった。私の息子はすでに中学生になって手はかからなくなっていたが、企業や市役所で働く若い女性たちが、現在の保育所だけでは不十分な子育ての体制の中で苦労をしているのを見るにつけ、何とかしてあげたいと心から思っていた。

いっぽう子育てを終えた多くの女性たちは、たくさんの時間と能力を持ちながらこれまで有効に活かす手だてを持たなかった。この女性たちが「ふくおか女性まつり」や「国際女性フォーラム」に集いおおいにもり立ててくれた。そしてさらなる活動を続けたいと熱い気持ちは盛り上がっている。ところで活動を続けるには資金がいる。この女性たちの力をビジネスとして活かす方法はないか。人数も多いし、力のある女性たちだもの、やる気さえあれば何でもできるのではないか。

そこで思いついたのが、この両方の女性を結びつける助け合いのビジネス。例えば、毎日の生活の中でちょっと手が足りない時に、軽易な高齢者や子どもの世話や家事などいわば家庭内の仕事を援助し合う、そんな相互援助システムをつくればいいのではないかと考えた。で、その構想など小論文を書いて女性部のスタッフと勉強会を始めていた。今で言う〝コミュニティ・ビジネス〟である。このような家族機能の補完の必要性については、私が市役所職員となる前の研究者時代に「家族の機能低下に関する調査研究」で国に提言していた事でもある。

女性たちの助け合いのネットワークの中で、若い女性たちは安心して子どもを産み働き続ける事ができる、支える側もその事によってささやかな生き甲斐と収入を得て、自分の夢を実現する事ができる。このようにして社会全体が大きな家族のような優しさに包まれれば、もっともっと住み良い世の中になるのではないだろうか。

ちょうどそんなことを考えていた時に、労働省がファミリー・サポート・センター構想を打ち出した。簡単に言えば会員制子ども預け合いシステムである。県の方から、まだ予算要求前の事であるが、内々に全国で最初の事業を受けてほしいとの打診があった。余談だが、国でそんなことを考えているという情報はキャッチしていたが、まさかそんな形で市に降りてくるとは考えもしていなかった。それは経費の二分の一は国の補助、四分の一が県と市の補助であることからくるもので、こんな国と県との仕組みも始めて知った。これも余談だが、この時の国の労働省での担当者が平野由美子さん、県の労働部の担当者が富安節子さん、いずれも大学の同級生である。法学部二四〇名中女性は十名足らずだったが、うち三人がここに集おうとは！

嬉しかったけれど、まだまだ女性の世界は限られているのだという事を実感したのも事実である。もう一つ余談だが、このお二人ともそれぞれの仕事を全うして、それぞれの分野で相当の地位を得て現在もたいへん活躍してくださっている事は、嬉しいかぎり。

私はすぐさま市長にこの事業の有用性を訴え、市では次年度の新規予算として認めていただいた。ところで十二月の国の予算が決められる時には、その当時は地方から復活折衝のため大挙上京する時代だった。私も国の予算が絡んでいるのでいちおう上京して、待機していた。その日の夜中、市長室から「ファミリー・サポート・センター」の国の予算はついていないとの連絡があった。

私はびっくりして、失礼をも顧みず労働省婦人少年局長の松原亘子さんに電話した。松原さんはからからと笑い、「あなた、新規事業には最初から予算はつかないわよ」、さらに復活では間違いないという事を約束してくれた。次の日、この顚末を市長に報告すると、市長はにやにや笑っておられる。私は肝試しをされたのだと思った。

ともあれ、この「ファミ・サポ」の事業、子育ての応援をお願いする会員とお願いされる会員とで構成され、子どもにとっては第二、第三のママがいてくれるという感じ。祖父母との同居が非常に少なくなって、家族が孤立しているといわれる現在、互いに家族のような親密な付き合いができるということで皆さんに喜ばれている。今ではこのシステムは全国に広がっているが、福岡では会員数も四五〇〇人と全国一の規模で運営されている。家族の機能を補完するシステムとして、確かな役割を果たしてくれていることに大変感謝している。

女性の仕事については、このような家族援助だけではなく、これまでの男性社会では思いもつかなかったような隙間の仕事、たとえば消費者の意識調査であるとか、チラシの配布、ペットの一次預かりなど、そのきめの細かさからいろいろ開発が可能だろうし、また働き方も男性サラリーマンのように一日フル時間拘束されるのではなく、生活と両立できるような新しい働き方を実践してもいいのではないかと考えた。今で言うワーク・ライフ・バランスの考え方のはしりである。そこで女性たちが柔軟に様々な可能性が考えられるように女性センターで勉強会を組織した。すでに自身で起業して活躍している女性たちを招いて経験を話していただいたり、法律や税制など起業のための基礎知識を教える講座を設けた。

ある程度勉強が進むと、受講者にはほんとうに起業する意欲がわいてくる。そこで経済振興局にお願いして、女性起業者に対する特別融資の制度を開設した。すべてのみなさんがこの制度を利用した訳ではないが、いま福岡市では女性の起業家がとても多く、たいへん活躍されている。頼もしいかぎりである。

しかし欲を言うなら、女性がもっと政治の世界に進出したり大きな組織で意思決定の分野に進出していかなければ、ほんとうの意味での男女共同参画の社会になったとは言えないと、私は今でも思っている。

女、女、女

「美しいまちには美しい女性がよく似合う」

女性部長時代、歩く広告塔として講演の機会も多く、このキャッチフレーズを私はあちこちで呪文のように唱えて回った。福岡市はそのころバブル全盛時代、天神地区には新しい商業ビルが次々にオープンし「天神流通戦争」とも言われた。少し前に成功裏に終了したアジア太平洋博覧会の跡地の百道浜地区にも、博物館、図書館を始めデザイナーズマンション、ＩＴ関係のオフィスビルなど素敵な建物がどんどん建つ。また、博多埠頭にはベイサイドプレイスというシーフード中心のこ洒落た施設ができるといった具合で、福岡のまちがどんどん新しくきれいになった。

いっぽうで、新しい街は若い女性が主なターゲットで、私たちおじさんおばさん、おじいさんおばあさんはどちらかというとそれ以外のお客さん。若い人たちばかりが、我が物顔に新しい街を闊歩していた。

「まちづくりってこんなことでいいんでしょうか?」私は声を荒げる。

「人生、若い時期なんてあっという間。それ以外の期間がずっと長いんです」

「若い人ばかりちやほやするから、それ以降人間として成長しない」

「中身は子どものまま、身体だけ大人になったヒトをコトナと言います」

「今の社会は子どもの文化。成熟ということを尊重しなければ、大人の文化にならない」

「成熟した女性は内側から輝き、ほんとうに美しいのです」

「女性たちよ、もっともっと美しくなろう！」

この時期、私は、ちょっとしたタレント並みにあちこち引っ張りだこで、そのたんびに〝子ども文化〟を批判し、〝大人のまちづくり〟〝女性の成熟〟を叫んでいた。写真を撮られる機会も多くなり、それまで大の写真嫌いだったのだが、少しは慣れてきたある日、「きれいに撮ってね」と私。

カメラマンはジーッと私を見て、「ウーン、それは難しい」。

「とても失礼なことをはっきりおっしゃるのですねえ」

「いやあ、ふつう若い女性は可愛く撮れば喜ばれます。おばあちゃんも可愛く撮ればさまになります。でも部長さんのような中年女性を可愛く撮って喜ばれるのかどうか、私には分かりません」

今度は私の方が「ウーン」と唸った。

男性の顔は「自分で作れ」といわれる。きちんと年輪を重ねた顔は、自信にあふれ風格が備わり、それを私たちは美しいと感じる。女性の場合はどうだろう。これまで私はヨーロッパで、成熟したキャリアウーマンにたくさん出会い、その発するオーラに圧倒され、自分の未熟さを恥じ、あんなに美しくなりたいものだと密かにあこがれさえした。しかし、翻ってわが国ではそれまでそんなに感じさせてくれる女性は皆無とは言わないが、残念ながらまだまだ少なかった。

「そうなんだ、これからは私たちが若い人たちのためにお手本にならなければ」

自分自身の責任の重さに、改めて身の引き締まる思いがした。

女性部長になって三年目にもなると、少しは他人様にも知られるようになり、またいろんな組織のハンドリングの仕方もなんとなく身に付いてきた。平成五年十月二十八、二十九日には「日本女性会議'93ふくおか」を、「風は西から～いま、行動のとき」と題して、全国から三千人の参加者を迎えて、盛大に開催した。「日本女性会議」は昭和五十九年から毎年市単位の持ち回りで開催されている、国家的な男女共同参画のためのイベントである。前々年、開催地であった藤沢市から打診されたもので、この準備のために前年には長野市で開催された会議を視察した。

福岡の人はなんと言っても派手好き、こう思っているのは私だけではなかろう。で、どうせやるなら、これまでになく大きく楽しく為になるものをと、女性部一同張り切った。

「政策決定の場への参画」をテーマとして、女性の視点での政策を話し合う、このためにシャドウ・キャビネットを作り、大臣、議員、省職員の他に公募で有権者代表を募って、政治の仕組みを学びながら、私たちだったらどのような政策を実現できるか、実現すべきかを考えるというものである。

その上でせっかくだからもっとみなさんに喜んでいただこうと、開会行事の中でこの会議のために制作したミュージカルを上演することにした。この制作費用は実行委員会で作るという約束で。前から知り合いのテアトルハカタという地元の劇団に「卑弥呼」の制作上演を依頼、費用は三百万円也。安くしてもらうかわりに、その他に練習場を確保する事、「卑弥呼」は以後どこで上演しても構わないなどいろいろな条件を飲んだ。ともかくすべて手探り。

福岡にはわが国最古の水田や王墓の遺跡があり、邪馬台国や卑弥呼は福岡の歴史だと考えている市民は多い。その後アジアとの交易所であり迎賓館である鴻臚館が設けられた。ここはギリシャやペルシャとつながったシルクロードの終着点であり、さらにここを通って文化は日本国内に広がっていった。奈良へあるいは京都へ、新しい文化は伝えられた。福岡は新しいものを積極的に受け入れる土地柄、だから「風は西から」。

心強かったのは、商工会議所やニュー・ビジネス協議会の女性部の人たち。福岡の女性たちのこの夢を実現するために、快くスポンサーとなってくれ、数十社から五万、十万の寄付が集まった。やはり何かするには女性も経済力が必要だとつくづく思った。

女性部を応援してくれたのは、このような福岡の女性ばかりではない。「日本女性会議」の時には、奈良の市長が視察に見えたし、水戸の市長は祝電をくれた。いずれも福岡の女性部の活動に注目してくれて、そのうちこの「日本女性会議」を自分の市にも誘致しようと考えられての事だった。また兵庫県の女性センターができた時には、私の学者仲間で当時関西大学の講師だった清原桂子さんが、「植木ちゃんも行政に入ったから、私もやってみようっと」ということで、センター長になった。その開館祝賀の行事にはメッセージを頼まれ、その後講演会にも呼ばれ、その縁でアミカスと密接な交流がなされることになった。彼女は阪神淡路大震災の後には市民生活復興のための部長に抜擢され、文字通り私と同じく行政人となった。

反対に福岡市の行政の中には、残念ながらずっと私の存在を気に入らない人もいたようだ。男性にもいたかもしれないが、女性の中にもいるようだ。セクハラとなるような根も葉もないうわさ話を流されたり、わざと人との間を分断させるような悪口を吹き込まれたり、いわゆるいじめにもあった。ずいぶん腹も立ち、心も傷つけられた。しかし、このような私的な怨念に多くの女性が巻き込まれ、本来の力を発揮できない状況があるのはたいへんなエネルギーの損失だと思った。

眼で人を動かす　福祉部長【平成六――八年】

管理職の心得

女性部長歴まる三年が経とうとするころには、だんだんと行政のおもしろさが分かりはじめてきた。そんな三月の終わり、友池助役から呼ばれた。

「あなたを女性部長として迎えましたが、他の部署に異動させてもいいですか？」

「はい、できるだけいろいろ勉強したいと思っています」

思いがけなかったが、私は勢い込んで答えた。

「泥臭いところでもいいですね」

「…………」

「行政の全体が見渡せるところに行ってもらいます」

結局その時には具体的には教えていただけなかったが、四月一日いただいた辞令は「民生局福祉部長を命ずる」というものだった（平成九年にはこの民生局と衛生局が統合されて、保健福祉局となっている）。

新しい職場は五つの課十二の係がある大所帯。これが次の年には六課十四係体制になる。これまでの一課一係のこぢんまり所帯とは大違いである。それに福祉部は民生局の総務担当部として局全体の予算、人事、議会対策の調整をする。またそれぞれの課は七つの区役所にある福祉事務所と密接な連携のもとに、実際の業務を遂行する。というわけで、業務内容でも予算でも人事でも、自分の部のみならず局全体と七福祉事務所を掌握しておかなければならない。その頃ですら予算規模は市全体の六分の一の年間二七〇〇億円（今はもっともっと膨れあがっている）、福祉関係に従事する職員は一千人以上、まさに行政の大きな部分を見渡さなければならない職場である。

当初、私は自分が何をなすべきなのかよく理解していなかった。私自身はこれまで家族法の研究者だったから福祉に関して専門的な知識はある。協力を惜しまないネットワークを外部に持っている。女性部長の続きのような感じで受け止めて、相変わらず〝歩く広告塔〟のつもりでいた。

古屋浩輔局長はそんな私に相当いらついた。

「あなたは総務担当部長なんだから」

「?」

「人を眼で動かしナイ」

「…………」

「ほんとうにもうーッ！　いったい前の上司は何を教えていたんだい」

市丸知彰係長は局長のこの私に対する愚痴のはけ口になった。よく赤のれんで二人していっぱいやっていた。

前の上司の名誉のために言っておくが、彼は決して手を抜いていたのではない。私に対していろいろ口出ししたいことがあったにもかかわらず、「ウェットブランケットになってはいけない」と自分を押さえて、せいいっぱい私のやりたいことを尊重して助けてくれていたのだ。なにせ、福岡市役所にとって私はまったく〝未知の生物〟だったのだから、それも〝鳴り物入り〟で迎えられた。

それはともかく、私は「人を眼で動かす」ということの真意を考え続けた。この公案が解けたのは異動して半年くらい経ってからのことである。次年度の予算編成においては、限られた予算を最大限効率よく使うために、各部から出されてきた要求を調整しなければならない。そのためにはその部の仕事内容を十分に把握しておく必要がある。人事においてもしかり、すべて他の部の「部長の要望通りにお聞きします」、なんてわけにはいかないのだ。

私は〝歩く広告塔〟廃業宣言をして、〝管理職〟に専念することにした。これ以後、外部での講演やパーティーへの出席は極力お断りして、内部でのヒアリングとおつきあいにあい務めることとした。なるほど相手の人柄や仕事振りが分かると、その人が発した言葉に隠された意味がよく分かる。かくして私は「人を眼で動かせる」部長へと、大きな変身の一歩を踏み出すことができたのである。私のことを本気で叱ってくれたこの古屋局長には、心から感謝している。彼は女性部の前身である青少年婦人対策課の課長を努めた人だった。


ところで、私がこのように新しい境地で四苦八苦している間、周りは私をどう見ていたか。女性と男性ではまるで評価が違った。

「何か悪いことをしたの?」

これは多くの女性たちの反応。これまでのとても華やかな職場から、地味で忙しくいつも市民の要望にさらされて、いじめられているように見える職場に異動させられたのは、左遷に違いないというのだ。実際、福祉はたいへんだというので、この職場を希望する職員は少ないとも聞いた。

しかし、職員のチームワークは抜群、異動の初日には福岡城跡の公園に大きなブルーシートを敷いて、局挙げてのお花見大会もあった。また何かにかこつけて飲みごとも多い。もっともある先輩の言によれば、「民生局のまとまりがいいのは、〝外敵〟にさらされているからですよ」ということだそうであるが。

「これであなたの真価が問われるね」

私のことを見守ってくれている男性陣の多くは、このような感想を寄せてくれた。しかし、「行政に入り立てで、こんな重要な仕事をこなせるわけがないよな」という、冷ややかな反応もあるらしいことは、雰囲気で察しがついた。その時はまだ分からなかったが、ここは次の段階への昇進のための有力なポストでもあったのだ。

いずれにせよ私は、市役所のすべてを勉強し、管理職の心得を身につけなければならない立場になった。洋服はこれまでの明るく華やかなものから、地味で落ち着きのあるものに変えた。なにせ、決済だけでも一日数億円分の支出に印鑑を押さなければならない。それ以外の時には市役所の十二階にある民生局フロアをうろうろし、外に出るのは七カ所の福祉事務所を回るときだけ。反対に内部での飲みごとは多くなるし、おかげでこの福祉部長の三年間で体重が六キロも増えた。

そんなわけで、外の人たちとの付き合いは格段に減った。このことについてある時、当時のJR九州の石井幸孝社長から「あなたの世界はだんだん狭くなるねえ」と言われた。

そうなんです、市役所職員になりきるということは、いまの時代、残念ながらそんな危険性もはらんでいるのかもしれません。

弱者支援とは何か

福祉部長になっての最初の仕事は、ホームレス対策だった。

福岡市では、毎年五月二日、三日に明治通りという市内随一の目抜き通りでどんたくの大パレードが行われる。ところがその沿道のこれまた一番目立つ場所にある公園に、ブルーシートの小屋がいくつも建っていて、立ち退きの要求に応じようとしない。これがお客様を迎える都市としてとてもみっともないと、前の年から議会でも指摘されていて、前任者からの事務引き継ぎによると、どんたくの前には強制執行をしてでもこれを撤去するということになっていた。

まずはこのホームレスの実態から勉強しなければならない。

「部長、絶対にきれいな服を着てこないでください」と何度も念を押されて、当時のホームレスのメッカ、横浜の寿地区に視察に行った。横浜市中区の市役所職員の方に案内していただき、通りの端から恐る恐る足を踏み入れる。タクシーは絶対に中まで入らない。中に入ると〝当たり屋〟にカモにされるということらしい。通りには薄汚れた人たちが、死んだように転がっている。言われた通り地味な服を着ている私には一瞥もしないし、もちろん私たち五〜六人の一行にも何ら反応なし。まるで人形みたいに感情がないようにも見える。人間、そのような状況になると、こんなになることもあるのかと、心底恐ろしくなった。

しかし、ここでも、彼らを立ち直らせようと一所懸命働いている人たちがいる。福祉センターでは健康の相談から就職の世話まで提供するが、あまり利用者はいないようだ。保育所や幼稚園もあるのには驚いた。

そういえば路上で生活しているのは圧倒的に男性ばかり。女性や子どもは不十分ではあるが一応屋根の下で暮らしている。この違いは何なのだ？　男と女の種の違いを見た気がした。まさにここは文明から隔絶された古い場所。私の頭の中では今でも、この街は色彩のない白黒の風景としてしか甦らない。

この福祉センターと中区の福祉事務所では一日に一回、この地区の人たちにパン券を配る。お正月には職員を働かせるわけにはいかないので、管理職が出てきて自ら配るという話も聞いた。ところがこんなニュースが伝わると、近辺の同様の人たちが集まってくる。というわけで、保護すればするほどもっとその必要性がでてくる、その繰り返しで、いまやパン券だけで億を超す費用がかかっているという。担当者たちはこの矛盾にたいそう頭を抱えていた。

私は、ホームレス対策はこの方たちに人間らしい生活と心を取り戻していただくこと、つまり自立支援しかないと決心した。まだその頃はホームレスの数も今ほど多くはなく、福岡市全市併せても百人前後だったように記憶している。一人ひとりにきめ細かく接し、病気の人は病院に入院させ、その間に生活保護その他の手続きをする、高齢者も生活保護が可能である、そうでない若くて働く能力がある人たちには説得を重ねて就業の支援までもっていく。とまあ計画はこんなふうだけど、実際はなかなかうまくいかない。うまく行くくらいなら、はなっからホームレス生活をする人たちでもなかろう。

ともあれ、そのために巡回相談員を増員し、病院が受け入れやすいように、ホームレスの身体を洗う費用まで認めた。実際その臭いは半端なものではなく、この制度は結構病院側から歓迎された。しかし、これらの施策の実施に携わる人たちには、本当に頭が下がる。臭いだけではなく、自分たちにノミやダニまで移されても、さらにはホームレス本人からどんなに罵倒されようが、文句も言わずそのお世話に当たるのだから。

で、冒頭の強制退去の件だが、四月視察の五月はじめでは、いろんな施策も間に合わない。しかし私はこの人たちとの決定的な敵対関係は作りたくなかった。だから強制執行は最後の手段、とりあえずその場所から自発的に移動してもらう、移動先についてはとりあえず市民の邪魔にならないところであれば、しばらく目をつぶろうと考えた。そこで、管轄の中央署に日参して頼み込んだ。

てください」

「ともかく、冷たい福祉行政はしたくありませんので、自発的に場所を移動されるよう仕向けてください」

県警のお巡りさんたちは何度も何度も小屋がけの周辺を見回ってくれ、とうとうホームレスの人たちが音を上げて、どんたくの前に自発的に他の区の公園に移動したのだった。この間わずか二週間の出来事である。移られた側の公園を管轄する部署には気の毒な事ではあったが、とりあえず、博多どんたくという市最大の、いやわが国で一番集客が多いとされるお祭りのメインステージからは消えていただいたのである。

この当時は、ホームレスは市全体でまだ百人前後だったから、このようなことで間に合っていた。しかしその後増え続け、今では八百人にもなっているという。市は平成二十一年度より支援センターの設置を決めたそうだ。それが必要になったという事情はよく分かる。しかし問題は、人は何があってもホームレスにはならないというような社会の仕組みを整えなければ、このような対症療法ではもう限界がきていると思う。

福祉行政の中では、生活保護に関しても私はとても関心があった。

大学の法学の授業でまず始めに学ぶのは「朝日訴訟」。朝日さんという方が生活保護を受給していたが、扶養義務のある親族が見つかった。ようやく少しゆとりが持てると喜んだ矢先にその仕送り額分の保護費が削られた。これに対し、不服申し立てを行った。朝日さんは、生活保護の基準は低く、憲法で保障されている「健康で文化的な最低限度の生活を営む権利」を満たしていないという事を強く主張した。

裁判所は、その当時はこれはあくまでも国の努力義務であるとして朝日さんの主張を退けた。しかし、その後の経済発展の中で生活保護基準は漸次引き上げられ、現在ではむしろ最低賃金を上回るまでになっている。さらに生活保護受給の権利性が高まったので、「無理して働くよりも生活保護を受給した方がまし」と不埒なことを考える人も現れる傾向にある。次のケースはそのような中での事件。

ある生活保護を受給している家族が、子どものための学資保険を契約していたので、これを見つけたケースワーカーが直ちに解約させ、その解約金を返還させた。マスコミは「血も涙もない行政」と批判し、弁護士が束になって「返還させたのは不当である」として行政を訴えた。私も初めは「そうかな」という感じで、これまでの書類を読み始めた。

「うーん、何かが違う」

父母はお互い結婚前から生活保護受給者で、結婚してから三人の子どもをもうけた。これまで働いた事はない。現在、上の二人の子は私立の高校に通い、このたび三番目の子どものための学資保険が見つかったという。子ども三人とも私立の高校にやるというのは、一般の家庭でも家計的に大変苦しいはず。ケースワーカーは、父母が実際は働いているのを隠した不正受給だと見ているが、確たる証拠がとれない。そんな時見つけた、ゆとりの証拠だった。

行政に入っていろいろ知ると、外から見ているのと違う側面が見えてくる。

自助互助公助のバランスのとれた福岡型福祉

私は「人は基本的に自分のことは自分でする」のが、最も幸せな生き方だと思っているし、ずっとそう言い続けてきた。そのためには、みんながそれに見合う能力を身につけなければならない。教育や生涯学習の一番の目的はそこにあると思う。女性部での数々の施策もつねにこのことを意識して実施してきた。これが自立というもの。

でも、一人ひとり、気持ちではそうありたいと願っていても実際にはいろいろな障がいがあって、自分だけの力ではどうしようもない事もたくさんある。そこで様々な援助システムが必要となる。それを用意するのが行政の役割である。しかしその場合でもまずは自分の力で行動できるように諸条件を整えること。つぎにほんとの豊かな人間関係の中で、互いの助け合いがいつでも求められるという周りの環境を用意する。その上で最後にはきちんと行政が支えて生活の質を守りますよ、だから安心していてくださいというのが、本当の福祉社会だと思う。

これを「自助、互助、公助のバランスのとれた福岡型福祉」と名づけた。そして、この考え方のもとに福岡の福祉を体系づけて、民間にも行動の指針としていただくよう「福祉条例」を制定した。

私が福祉を担当したときには、福岡市の地下鉄駅には階段やエスカレーターは設置されていたが、エレベーターは半数の駅にしか設置されていなかった。車いすでどうやって上り下りしろというんだろう。いちいち駅員さんや周りの方に「助けてください」とお願いしなさいとでも？　こんなことは機械でできる、すぐに地下鉄の全駅にエレベーターを設置するようにした。同じ事を私鉄にも呼びかけたが、こちらは収益との関連でなかなか難しかった。結果、やはりバリアフリーに関しては、公共の施設が一歩進んでいるようだ。

もっとも今では、この当時設置されたエレベーターは奥行きがなくて、病人を運ぼうとしても担架が入らないと、消防局の救急隊などには不評のようだ。なるほどねエ、必要性もどんどん進化する。

その頃、建物に関しては出入り口、通路、トイレなどすべての場所が車いす対応であると認められると、ハートビル認定のマークをつけることになった。福岡市で一番初めにハートビルと認められたのは、市が建てたリバレインのビル。次にやはり市が関わったエルガーラビル、ついで、三越やバスセンター、福岡天神駅が入っている西鉄ビル、となれば新しい集客施設はこのマークを付けなければ流行遅れとなってしまう。実際、私はそう言って、岩田屋のＺサイドのビル（現・岩田屋本館）が建てられる時は担当者を説得した。で、雪崩的にそれ以前に建てられた天神の他の集客施設も、ハートビルに適合するように改修した。

これらのほとんどのビルは天神地下街に接続しているので、その結果、地下街は車いすで自由に往来できるようになった。現在は車いすの方も、また乳母車を押す人たちも、さらには高齢者の方々もたくさん利用されている。それどころか、イムズの地下広場などは高齢者のデートの待ち合わせ場所になったくらいだ。天神地下街は、福岡市で一番ユニバーサルデザインの進んでいるところかも知れない。

ただユニバーサルデザインについて言えば、すべての人たちの要望を十分に充たすことはなかなか難しいこともある。たとえば、視力障がい者のための点字ブロックは、必ずしも車いすの方や足の上がらない高齢者のためには優しいものではない。また全体の雰囲気から、目立つ黄色を使いたくないと思っているデザイナーも多い。この辺のバランスの取り方は大切である。

この時期、私は福祉プラザ、愛称「ふくふくプラザ」の建設にも関わった。これまで社会福祉協議会などが入居している会館が老朽化したために、福祉関係の団体が一堂に入居でき、また福祉関係のイベントなどが活発に開催されるように、つまり福岡市が福祉を重視している事が見た目にもまた実感としても理解されるような、立派な建造物を造るプロジェクトである。公共の建物は通常耐用年数は四〇年くらいと考えられているが、私たちは少なくとも百年は持ってほしいと頑張って、廊下やエレベーターのシステムなどに様々な工夫を凝らした。

今考えれば、ほんの十数年前の事なのにかなり十分な費用をかけることができ、この頃は本当に古き良き時代だったと思う。現在、ここのホールで福祉関係のイベントが頻繁に開催されているのを見るにつけ、私はこれは決して無駄な支出ではなかったと満足している。

一方で、これよりすこし遅れて市の総合図書館を造る際に視覚障害者の方々から自分たちもここを利用したいとの強い要望を受け、それを受けて総合図書館の一角に点字図書館を併設した。しかし、現在の利用状況を見ると、これも「ふくふくプラザ」の中に作っていた方が良かったのではなかったかと考えることがある。とくに移動の不便な方々に、二カ所も行ったり来たりしていただくことが、よいのかどうか。どちらもすばらしい建物で、実際百年は耐用できるだろうから、その都度もっとも利用者に便利なように柔軟に見直しをしていくのも必要なのではないだろうか。

さて、福岡市はそれ以前から迫り来る高齢化社会に対応するためには、相互の助け合いのシステムが必要であると考えていた。まずは地域での声かけやランチ配達などのふれあいサービスを充実すること。そのために各校区の社会福祉協議会の活動を活発にするように様々な働きかけをした。いろいろな啓発活動はもちろんのこと、これを統括する区の社会福祉協議会の人員を補強したり、活動費を補助したり、よそからの寄付を受けやすくしたり。

さらに平成元年には、介護が必要なお年寄りに気軽にヘルパーさんを利用していただけるよう、福岡市市民福祉サービス公社を立ち上げた。ヘルパーさんは正式にはホームヘルプ協力員といって、基本的にはボランティア。とはいってもちゃんと研修を受けて、段階に応じたヘルパーの資格をとってもらっている。ただ報酬がボランティア並みということなのだ。なぜこれが可能かというと、みんなが自分が年を取ったときには若い人から介護していただくのだから、「お互い様」という気持ちを持っているからである。

この当時、全国でもあちこちで同じような取り組みがなされ、そこでは報酬の代わりに、その時間分将来の自分のために貯めておく制度や、自分の働いた分だけよその自治体にいる自分の親のためにその地のボランティアに働いていただく、つまり活動時間を交換する制度なども模索され始めていた。その時わが国はこれから深刻になる高齢化社会のために、これまで忘れかけていた「お互い様」の地域社会を再度作ろうと、地方を中心として国中が熱い思いに燃えていたのだ。

ところがである、平成六年頃から介護保険という聞き慣れない言葉が突然新聞紙上を賑わすようになってきた。はじめは「新しい保険のことだろう」くらいに考えていたが、どうも全国民が対象となる制度らしいと知り、私たちも福祉を司る者としてあわてて勉強を始めた。

当時の厚生省は「保険にすれば自分でお金を出すので、介護は当然の権利として受けることができます」「全国民が支えるので、費用は潤沢にあります」「介護事業者が増えるので、受ける側は選ぶことができます」などと、耳障りの良いことばかりを言う。マスコミもほとんどは厚生省のこの説明を、単に垂れ流すだけ。今だから言うが、この当時、厚生省にせっせと通ってこの制度を強力に推し進めたのは、先年、福祉を食い物にして問題を起こした、例のコムスンという介護事業者だった。私たちは、厚生省の介護保険担当者は地方の本当の実情を知らないのだと、感じていた。

当時、全国市長会の会長であった桑原市長は先見性のある人で、「これはきっと破綻して大変なことになる」と、制度導入に危惧する立場の先頭に立った。私も、ドイツの例などを勉強したが、どうしても厚生省の言うように上手くいくばかりだとは思えない。モラルハザードがおこりみんなが介護保険に頼るようになると、財政破綻はまぬがれないだろう。せっかくいまわが国には相互扶助の考え方が育ちつつあるのに、どうしてこれを壊すようなことをするのだろう、などと疑問が増してきた。

で、私は市長の手先となり全国行脚し、全国の首長に制度を地方財政の立場から説明し、また国の意見聴取の際にもその立場で出席させていただいた。結局地方の市町村会の反対は受け入れられなかったが、公聴会で寄せられた意見を考慮して、保険の財源として新たに税金を投入することで個人と地方の負担を抑制するということと、施行後も適宜見直すという約束は取り付けた。

さて、介護保険が始まって今年で九年が経つ。すでにこの間にも、財政は逼迫し保険料の値上げがなされ、一方で少しでも介護料を抑制するために介護認定が厳しくなり、介護にかかる費用の積算も引き下げられ、介護現場は依然としてたいへん苦しい状況にある。甘く考えて介護事業を始めた事業者の中には破綻する者も出てきた。また不正経理が明らかにされた介護事業者もある。期待しているような成果はまだまだ上げられていないようだ。

私は介護保険がまったく役に立っていないというつもりはない。現に今、私の母をはじめ、この制度のお陰でとても助かっている人も多い。しかし、一方で福祉は保険、すなわちお金で求める事ができるものという考え方が支配的になった。その結果、せっかく育ちつつあった「お互い様」というボランティアの精神、自分たちの社会は自分たちで守るという気概が潰されたことを、おおいに残念に思っている。さらに、今の年金問題、社会保険庁のていたらくを見ていると、いつこの介護保険も同じような状態になるか分からないという、危うさをも感じているのである。

また、昨今の消費税アップの議論を見るにつけ、以前、福祉目的税が議論の俎上に上がった時に、なぜもっと真剣に取り組んでもらえなかったかと、悔やまれるのだ。介護保険料も払い、高い消費税も払うとなると、まるで二重取りされているように思うのは、私だけだろうか？

対外関係で

福祉の仕事に就いて三年の間には外国との関係でもいろいろあった。

嬉しかったのはアメリカンセンターの副館長、花田早苗さんの推薦で、インターナショナルビジターズプログラムの一員として、アメリカ国務省の招待を受けたこと。一カ月間、費用はすべて米国持ちで、自分の課題を設定し、アメリカ国内三都市以上を訪問して研究しなさいというもの。アメリカはこのプログラムを第二次世界大戦後すぐに始め、世界各地から多くの人を招いている。英国のサッチャー首相もこのプログラムで招待されたという。日本でもこれまでそうそうたる人たちが参加している。

市役所も「名誉なことだからぜひ行ってきなさい」と快く送り出してくれた。私の課題はボランティアの研究。それと後述するが、アメリカの国立公文書館で終戦当時の博多の写真を集めること。

ニューヨークに着くと国務省派遣のエスコート役が待っていてくれて、そのままワシントンに直行、国務省で諸手続きをする。ともかくビジターの願いをすべて聞き入れるというのが基本的な姿勢。これまでの他の人たちの希望の中には、アメリカの一番のお金持ちの生活をみたいというものもあったという。その時には南部の石油王のお宅におじゃまさせてもらったそうだ。屋敷の中に飛行場があったそうな。

私は、ワシントンでは国務省の他にホワイトハウスやアーリントン墓地、スミソニアン博物館などを見学した。スミソニアンには学芸員の知り合いがいたので研究室まで見せてもらったが、発掘したお宝を自分たちの調度品として飾っているのにはびっくり。またちょうど日本に原爆を落としたエノラ・ゲイの展示期間中でもあり、複雑な気持ちで見た。ボランティア研究ということで、行政における委員会の様子も見学。みな一市民であるがともかく自分の意見をよく言うし、議論する。自分たちの街は自分たちで創るという考え方が根付いている。

つぎにアトランタ、ソルトレークシティ、ジェネシオという地方都市などを訪問したが、ど

の都市でもボランティアの方が、私を受け入れ案内するために待ってくれている。様々な場面でのボランティアの募集や受付をするセンター、その研修風景などを見学。さらにボランティアが実際に働いている場面にも連れて行ってもらった。公立病院の経営が厳しいのはどこの国でも同じ、病院の運営資金稼ぎのためのチャリティー演奏会や料理持ちよりのパーティーにも参加した。

地域、大学、企業、宗教団体、ともかくあらゆる場面でボランティアとしての活動があり、ボランティアとして参加している。それも市民のみんなが社会の一員である以上、当然だと考えているし、また行政や企業からの拠出でかなりの資金的なバックがある。このボランティアの労働はGNPに換算されないが、実際には国民生活を豊かにする上でとても大きく寄与していると思われる。わが国ではようやくいまNPOが盛んになりつつあるが、そのモデルはここにある。福岡市では現在「あすみん」という市のボランティアセンターが稼働し、多くの団体がいろいろな活動を展開しているが、しかし人的にも、資金的にも規模の上ではまだまだの感がある。

ちょうど同じ時期に、私たちは「博多港引き揚げ記念碑」を作るという事業を抱えていた。余談だが、福祉部長になったときにある人から「渦中の栗を拾ったな」と言われた。どうもその頃、この問題は議会や対市民の間で大変なことになっていたらしい。私は何も考えることなく、たんたんと課題をこなした。

一四〇万人もの引き揚げ者と五十万人もの中国や朝鮮に帰る人たちがこの港から出入りした、文字通り日本最大の引き揚げ港、博多。軍港であり軍人たちが引き揚げてきた舞鶴港や函館港には早くに記念館が造られていたが、博多港は民間の港であったために何も整備がなされていなかった。大陸をさまよい命からがら引き揚げ船に乗り、この博多の地を踏んで初めて日本に帰ってくることができたと涙した、引き揚げ者の方々の強い思いが、度重なる請願となって議会を動かした。

記念館は諸事情で造るまでに至らなかったが、せめて記念碑を造ってみなさんの思いを形にしようというのが結論。いろんな彫刻作品を検討し、当時ミラノ在住で久留米市出身の豊福知徳さん作の「那の津往還」という名のモニュメントを設置することに決定した。いま、ちょうど昔引き揚げ船が着いたその場所に、船の上に赤く帆を拡げたような形で建っている。

建てたはいいが、これを説明しなければいけない。そこで、その当時の写真がアメリカにあると聞いて、ワシントン郊外の公文書館に探しに行ったのである。多くの資料の中からその宝の山に行き着いたときには、正直ホッとした。持ち帰った一枚は銅板に焼き付けて、記念碑の側に立てている。

この碑に関しては、さらに碑文の件でも一悶着があった。「侵略戦争」という言葉を「入れろ」「入れるな」でそうとうマスコミ上も盛り上がった。私などはなぜだか分からないがマスコミからは批判の的になっていたらしく、この時期のインタビューやニュースなどの映像には、とりわけ怒ったり、困ったりした時の変な顔のものばかりが放映されている。しかし、これは国の問題であって、私がどうこうできるものではない。じつは私は経過だけを書いた文面案を内々に中国領事館と韓国領事館に見てもらい、両領事館からともに「黙認する」との約束を取り付けていたのだ。

碑文

博多港は、今日、海に開かれたアジアの交流拠点都市福岡市の玄関口として、また、世界の主要港と結ばれた国際港として大きく発展しつつある。

思えば、この博多港は昭和二十年の終戦直後、引揚援護港として指定を受け、約一年五か月にわたり中国東北地区や朝鮮半島などから

一般邦人・旧軍人など一三九万人の人々がこの港に引き揚げ、また、

当時在日の朝鮮人や中国人など五十万人の人々がここから故国へ帰っていったのである。

戦後五十周年の節目の年にあたり、私たちは、
かつて博多港が国内最大の引き揚げ港として果たした
役割を忘れることなく、
アジア・太平洋の多くの人々に多大な苦痛を与えた戦争
という歴史の教訓に学び、
このような悲惨な体験を二度と繰り返さないよう次の
世代の人々に語り継ぎ、
永久の平和を願って、この記念碑を建設するものである

いろいろあったが、この碑の除幕式には関係者の方々がたくさん出席して、こころから喜んでくださった。地元の女性の会からもボランティアのみなさんが参加してくれて、昔の「すいとん」などの料理を振る舞ってくれた。たいへんのどかな春の一日だった。設置するまで右から左までの論者からそうとうひどいことを言われたが、設置したらその後一言もない。マスコミも世間もいい加減なものだと思った。今では、戦後の引き揚げを懐かしみ、遠方からもこの碑を見に来てくださる高齢者の方々もいらっしゃるとい

う。

またこれ以後三年ごとに「引き揚げ資料展」を福岡市総合図書館で開催し、私が米国国立公文書館から複写して持ち帰った数十点の写真も、当時の遺品などとともに公開されている。


毎年戦没者の慰霊祭を開催するのも福祉部門の仕事であるし、中国や南方で戦死した方たちの慰霊巡拝のお世話をするのもまた福祉部門の仕事である。私はフィリピン方面の慰霊巡拝の旅の先遣隊として、マニラ湾を中心としたバギオ、バターン、コレヒドールなどの視察をした。今は草に埋もれた山下行軍の跡やトンネルの中の病院の跡などを見ると、半世紀以上も前の事なのに、その兵士はどんな気持ちでこの戦争に臨んだのだろうかと胸が痛む。

私の仕事は、遺族である巡拝団のお年寄りが危険な目に遭うことなく、ちゃんとその場所に行けるかを確かめ、本番の無理のない行程を作り上げること。とくにトイレが確保できるかということには神経を注いだ。なんせ開発途上国、それも地方のことであるからどの場所でもトイレは快適とは言えないが、まあ許容範囲であるかどうかを確かめて回った。で、同行者たちからは「トイレ部長」とのあだ名をいただいた。

同行者の一人に北九州市の岡田光由民生局長がいらした。この旅でともに苦労した仲間だ。他の市の人とはありがたいもので、自分の直接の上司にはいろいろ聞けないことでも、遠慮なく教えを請うことができる。これ以後この方にはずいぶんご指導をあおいだ。阪神淡路大震災が起こったときも、いち早く電話をくれて、友好関係にある政令市の福祉部長として何をなすべきかの示唆をくださった。この指導により、私は友人の大型スーパーチェーン・サニーの社長にお願いして、そこの費用で大阪の系列会社から水や食物やタオルなどの援助物資を届けてもらった。結果として神戸市には福岡市からの援助物資が一番に届けられたわけだ。もちろん市としても次の日には正式に決定して職員と物資を送り、いくらかのお手伝いをさせていただいた。岡田民生局長はその後、北九州市の助役を二期勤められた。

隔靴掻痒に苦しむ

教育次長【平成九年】

泣く校長

女性部長三年、福祉部長三年とようやく行政に慣れてきたかなと思っている頃、「昇任を考えているから、クビを洗って待っておきなさい」と、当時豪腕といわれていた上の方から、初めて声をかけられた。何のことだろうと思っていたら、四月一日「教育委員会教育次長を命ずる」との辞令を受けた。教育委員会をまとめて教育長を補佐する役目である。うそみたいな話だが、その時は女性の教育次長は全国で初めてだということで、「日本教育新聞」にでかでかとインタビュー記事が載った。

小学校、中学校と女性教師がどんどん増えている中で、女性教頭、女性校長はまだまだ少ない。この女性管理職のグループがとても喜んでくれて、しばしば各種勉強会などの集まりに呼ばれた。また私自身の中学校の恩師の先生方のほとんどが退職校長会のメンバーだったが、これまた大変喜んでくださって、私の職場の教育次長室に頻繁に激励にこられた。いずれも教師のつながりの強さを感じさせられる事柄だった。

教育委員会をまとめるといっても、あまりにも組織が大きすぎて、すぐに全体を把握できるものではない。教育委員会事務局職員は千五百人ぐらいだが、現場の教師はすべてを合わせると一万人近くになる。それも給料が県から支払われている教職員、市から支払われている教職員、それぞれに常勤、非常勤がいて、小学校、中学校、高等学校、養護学校（現在は特別支援学校）、養護教員、給食職員、学校用務員等々、たくさんの教職員で学校は運営されている。これらすべての人事管理を事務局でする訳である。事務局は教員と行政職との混合部隊である。教員はずっと教育委員会の中にいて多少人の関係を知っているが、福岡市の場合、行政職は市長部局からいわば出向である。その上、そんなに長期間教育委員会内にとどまらせるわけではないから、人の関係は教員ほどには知らない。いきおい人事は教員集団主導のものにならざるを得ない。これが今の福岡市教育委員会の決定的な問題であると感じた。

さらに、当初私は積極的に現場に行こうと思っていたが、「教育長、次長を迎えるには掃除など態勢を整えなければならないので、現場に負担がかかる」「すべての学校を平等に扱わなければならないので、一校行けばすべての学校に行かなければならなくなる」など、今思えば考えられない理由で、事務局職員から止められた。その時は、教育長も行かないのに私が出張って行く訳にも行かないと、あきらめざるを得なかった。もっとも七年後、私自身が教育長を拝命した時には、「すべての学校を訪問します」と最初に宣言して、二年間で達成することができた。この事は後述する。

こんな風だから、現場と教育委員会の間も距離があり、現場の教師は教育委員会を敬遠し、「教育委員会は叱られに行く所」と思っているようだった。私は大学の出身こそ法学部だが、十年以上教育学部の教官をして教員になる人たちを教え、また社会的にもいろいろな教師集団を指導してきたので、多少は学校を知っているつもりだった。しかし、この実態は何だ！　私は「教育委員会は現場を助けるためにあるんだから」と、現場の教師と教育委員会の職員に口を酸っぱくして言い続けた。ともかくその当時は一事が万事こんなふうで、すべてに隔靴掻痒《かっかそうよう》の感があった。

学校訪問に際しては平等の扱いをするべしということだったが、特別な場合にはそれを理由に有無を言わさず出かけた。とくに学校で問題が起こった時には、すぐさま飛んでいって様子を見、校長を励ました。と、自分では思っていた。

ある中学校が大変荒れているという報告を受けた。視察に行くと、十時過ぎ、もう二時限目が始まっているというのに、堂々と校門を入ってくる生徒がいる。髪を真っ黄色に染めて、制服のスカートは超ミニ、真っ赤なマニキュアをしている。どうみてもヤンキーのお姉さんで、中学生には見えない。授業中にも関わらず、袴みたいに裾を広げた学ランの兄さんが廊下をうろうろしている。それも何人もだ。教室の中にも金髪、袴が複数いて、あっち向き、こっち向き。先生の話を真面目に聞いている生徒はほとんどいない。まるで授業が成り立っていないのだ。おまけに廊下にも教室にもゴミが散らかっていて、目を覆いたくなる。

　案内していた校長は、そのような生徒に優しく声をかける。「なぜもっとビシバシやらないのだろう?」私の疑問は募る。一通り現状を見た後、校長室で校長は深くうなだれて「お恥ずかしい次第です。でも、あの子たちを学校に止めておかなければ、校門の外には先輩の暴走族の連中が待っているのです」と、さめざめ泣いた。男性の校長にこんなに泣かれては、私も言う言葉をなくした。「たいへんですね。なんとか人を手当てしてしまいますから、頑張ってください」と、励ますしかなかった。

　この学校は後に地域の人たちとともに立ち上がり、警察と一体となって暴走族追放の運動を

盛り上げた。暴走族もこの強い反対運動に抗しきれず、解散声明を出した。それとともに生徒たちも落ち着きを取り戻し、私の見たひどい状態は解消された。中学校はまさに生き物である。ちょっと手を抜くと荒れ果てるが、真剣に治療すると治まる。このようなことはその後他の中学でも何度も経験した。

それから数年経って私が教育員会を去り他の職場にいる時に、件の校長が訪ねてこられた。定年退職のごあいさつに見えたのだが、「一番苦しい時に学校を訪ねてくれて、励ましてくれた事がとても嬉しかったです」と、またさめざめと泣かれた。この時は私は感激した。

またそれから数年経って、当時、件の校長の下で教頭を努めていた先生と話す機会があった。私が学校訪問をしたちょうど同じ時期、文部省の査察が入ったそうだ。みんな慌てて準備をしているのを尻目に、校長は「任せておけ」と平然としている。私が見たのと同じ光景を目の当たりにして調査官は驚いたが、校長はまた「お恥ずかしい次第です」と、さめざめと泣いたそうだ。これには調査官の方が気の毒がって、「たいへんですね」ととても同情をして、結果として何のお咎めもなかったという。

男の涙、それも校長の涙はとても強い武器になるらしい。

教育次長になって二カ月も経たない頃、「自民党パーティー券事件」が起こった。自民党の政治資金パーティー券を交通局がまとめて出入りの業者に買わせたというもの。ちょうど地下鉄工事の発注時期と重なっていたため、贈収賄事件が疑われた。発覚して一週間後には交通局のトップが自殺した。教育委員会は直接には関係なかったが、議会は紛糾し、当の自民党のみならず市役所全体が暗い雰囲気に包まれた。ちょうどバブルの終焉期とも重なって、これ以後あまり大きな目立つ仕事は控えるようになった。思えばこれから市役所の試練は長く続いた。

博多小学校と教育情報ネットワークシステム

当時の教育委員会の最大の懸案事項は、少子化が進んだ博多部中心の小学校を統合する事だった。博多の旧市街は商業の街で、発展期には一キロ四方に四つもの小学校が造られた。しかし、現在では多くの住民は他の地域に移り住み、街は高齢化が進んでいる。それぞれの小学校も一番少ない学校で全児童が四十人足らず、多くても百人前後という状況が続いた。児童数の理想的な規模というのは明らかにされてはいないが、あまり多くても少なくても問題がある。多すぎると先生の目が届かないし、少ないと切磋琢磨したり群れの教育ができない。

じつは福岡市の小学校は校区ごとに行政区が造られていて、まちの自治会も校区ごとに活動している。この四つの小学校区、奈良屋、冷泉、御供所、大浜の各校区はそれぞれに由緒があり、伝統的な祭りを中心とした活発な自治会活動が行われている。これを一つにまとめようというのは至難の業。いろいろ研究したあげく、学校ではなくまずは自治会からと、役所では教育委員会とは別のところで、その道の達人がすでにまちの人たちに話に入っていた。今考えれば、その頃から局を超えて役所が一体となって動くことがたくさんあった。

私はちょうどその頃、教育次長としてこのプロジェクトの仕上げの部分に関わらせていただくことができた。私は博多部の人たちと仕事を超えた人としてのお付き合いをして、私の性格を通して私たちの考えを理解していただきたいと考えた。そこで、剣道で以前取り逃した段位を取りたいとも思っていたところだったので、この機会に博多部の人たちの「博水会」という練習会に参加し、毎週水曜日の夜、冷泉小学校の体育館で鍛えていただくことにした。これで足りない分は中央警察署の道場にまで通い、みなさんからずいぶん「かわいがって」いただいた。

「メンはみんながするので難しい、やはりヌキドウだ」と言われ、最後の頃はこの型の特訓。昇段試験にはその甲斐あって、さらにみなさんの盛大な応援のおかげで、めでたく初段を獲得。同門の高校生も応援してくれたし、試験の前には川端で酒屋を営む先輩に袴のひもを結び直していただいた。これで、ずいぶん博多部の人たちとのコミュニケーションが進んだし、段位も獲得。まさに一石二鳥の成果だった。

まちの人たちやPTAの人たちと、統合の先進地、京都の御所南小学校や東京の日本橋中央小学校にも視察に行った。そんな中で、まず自治会の長老の方たちが「子どもたちの教育のためなら統合もやむなし」と同意してくれた。年寄りは頑固だとよく言われるが、決してそんなことはない。次の世代の健全育成のために、よく「忍び難きを忍んで」くださった。しかし、学校は一つにしても自治校区は四つのまま残す、したがって公民館も四つ存続させるという条件は残った。

むしろ若いPTAのお母さんたちの理解の方が得にくかった。「今までより通学路が遠くなる」とか、「せっかく少人数でたっぷり見てもらっているから」とか、現状を変えることに不安を持ち、より良い教育環境のための次の一歩を踏み出せずにいる姿が目立った。このお母さん方と何度も話し合いを持ち、私は「日本一の学校を造ります」と約束をした。

学校施設は提案型のコンペ方式で、広く参加を呼びかけた。どれも素敵なプランだったが、福岡出身の工藤和美さんの案が「まちは学校、学校はまち」というキャッチフレーズで、私たちの考えとピタリ一致した。学校に地域の人がどんどん入れるようにオープンな構造で、おま

けに教室も間仕切りがなくオープン。「教員はいつも子どもの側にいるのが原則」ということで、職員室もない。教室や職員室については賛否両論あるが、私が見ている範囲では、教師がいつも見られているので授業が上手になるという大きな成果があった。「まちは学校、学校はまち」のキャッチフレーズは、その後も学校と地域との関係を表すのに最適で、いろんな場で使わせてもらっている。

建物は日本一、さらに校長、教師とも新しい学校にふさわしいように実力派ぞろい、というわけで名実ともに日本一の学校が出来上がった。この学校に入れるために、今まで他所に居を構えていた旧住民の方々が戻ってくるということも起こり始めた。児童数が増加して、今では全児童六百名にもなろうという勢いである。教室が足りなくなる心配まででてきた。これも学校側と地域の人たちが一丸となって子どもを育んでくれているおかげである。

この博多小学校創設に関わらせていただいたのは、私のおおいなる誇りと喜びである。

教育次長は一年しか勤めなかったが、もう一つ忘れられない仕事がある。インターネットはいまや普及率七割以上とほとんどの人が普通に使っている。しかし、当時はまだまだどんなものかよく知られていないのが現状だった。ただ、開発途上国でもすでに相当取り入れているし、すごい機能があるらしい、日本もこれに乗り遅れたら大変だ、そんな感じでビル・ゲイツのことなど書物で勉強した。たった十年前のことなのに、今のこの状況を誰が予測できただろうか。

そこにNTTの知人からインターネット普及のために、無料で回線を引き機器を貸与したいという申し出を受けた。むげに断る道理もない。わが教育委員会がどのような形だったらこれを活かす事ができるか、すぐさま研究会を作って議論した。結果として教育センターが中継局となり、全小中学校と教育委員会をイントラネットで結ぶと必要な情報はすぐに共有する事ができ、また有害情報を排除して子どもたちもインターネットを安全に活用できる環境を作る事が可能との結論を得た。そこでありがたくその申し出をお受けすることとした。わが福岡市は国内で一番最初に二三〇以上の大きなネットの輪を持ったのである。小さいながらそれぞれにテレビ電話のおまけもつけてくれた。

最初のテストの時は嬉しかった。画像は小さくあまり鮮明ではないが、教育次長室と学校がテレビ電話でつながった。これで校長はわざわざちょっとしたことで教育委員会まで出かける事なく、自分の学校で校務に専念できると思ったものだ。ただこれはどういうわけか当初の目的は果たさないまま眠ってしまったと知ったのは、七年後、私が教育長として再度教育員会に戻った時だった。器材はどこに行ってしまったのだろうかと思ったが、聞く勇気はなかった。

私はここは私にぴったりの職場だと思っていた。ところが上の方は、あまりにも当たり前でニュース性がないと考えたそうだ。それともあまりに私がやかましいと考えたのか、で、この職は一年でお払い箱になった。

ただ、ここで明記しておかなければならないのは、この当時、教員出身者を何とか局長の地位に就かせたいと、議員や教師側からの強い要望があったことである。私は前任の教育次長経験者などと相談して、教師社会は意外に狭くいろいろな経験を積むことが乏しいので、これまで教師の経験しかない人をこのようなあまりにも権力的な構造の中に直に巻き込むのは、どうだろうかと思っていた。そうするためにはそれなりの訓練を積む機会が必要だ。そうでないなら、たとえば今必要とされている教育改革のための局長ポストとか臨時的に対応するのはどうだろうかと、時の教育長に進言して好きな職を去った。

私は次の職、中央区長の辞令をいただいた。教育委員会に新たに教員のトップとして理事職が作られたのは、その次の年だった。

地域の力に育てられた一年　中央区長【平成十年】

行政最前線のトップとして

役所は辞令をもらったその時からその仕事が始まるのだが、とくに区長の場合は住民票や戸籍謄本など諸証明にはすぐさま区長の印鑑が必要なために、前もって作っておかなければならない。で、必然的に複数の人が事前にこの人事について知ることになる。もっとも私の場合は、女性が区長になるのは初めてのこと、また自分の居住区に住む区長の誕生も初めてという異例づくめ。市の上部から地域の有力者に打診というか、了解を取り付けての中央区長就任だった。

「毎日、印鑑ばっかり押して、肩が凝りませんか?」と質問されたことがあるが、諸証明の区長印は人が直接押すのではなく、窓口で機械的に処理されることになっている。区長の主な仕事は、行政の最前線として区民の生活や健康を守り、そのための道路や公園など生活環境を整え、さらに財源となる税金や健康保険料を確実に徴収することなどである。何事も区民のみなさんと一体となってやらなければならない。その時にとても力になってくれるのが校区単位の自治会である。

私はまずはじめに中央区の自治会の会長さんのところに就任の挨拶に行った。この方とはこれまでも福祉や教育関係の会議などでご一緒していたし、可愛がっていただいてもいたので、軽い気持ちでご挨拶をした。ところがである、会長さん、横を向いたまま「わしゃ知らん」。

当時、八十歳をすでにだいぶん超えておられたが、すこぶる元気でヤカマシ者の会長さん。マイベンツと称する古い自転車でほとんど毎日区役所に顔を出し、こけてすりむいたところは塩で消毒をする、家のエネルギーは廃材の薪でまかなうといった、戦前のような生活をそのまま守っている人だった。この方にとっては、まさか自分のところのトップに女性がくるなんて思いも及ばなかったのだろう。その時はごあいさつだけですぐに辞去した。

時を置かずして何かの説明にかこつけて、私は会長さん宅を再度訪問した。この時は家に上がらせていただいたが、暖かい陽気の四月半ばというのに、薪ストーブをぼんぼん焚いている部屋は暑くて気分が悪くなるほどだった。しかし、饅頭やら果物やらどんどん出されるので、遠慮しても悪いと思い全部いただいた。これが功を奏したのか、次の日、区役所にこられた会長さん、私に「あんたその服は地味かバイ。もっと赤っか服ば着なっせ」。これで私はやっと認められたと思った。それからはいつでも「区長さん、区長さん」と、みなさんの先頭に立って私を盛り立ててくれたのである。

「あんた、ゴルフと酒飲みをせんと区長は勤まらんバイ」とは、前任者のはなむけの言葉。酒飲みは以前から得意の方だったので、一念発起、ゴルフに挑戦した。じつはこれまでそのような機会もあったのだが、子育てのため時間がないのとお金がないのとで、「あんなものは自然環境に悪い」とやせ我慢していたのだ。

子どもが大学に進学し家から出て行ったので、ここぞと始めた五十の手習い。これにははまりましたね。こんな面白いこと、もっと早くからやるべきだったと思ったが、もう遅い。三年目にして百をようやく切ったが、その後は全く進展なし。でも未だに夏の暑い日も、冬の寒い日も、雨でも風でも厭わずに、ゴルフだけは誘われるとお断りしないで、十年以上も下手の横好きを通している。

中央区役所は、私が初めてトップとして任された職場。「せいいっぱい仕事をしたい」、今ま

で以上に、心からそう思った私は「区役所の職員の心を一つにして、事に当たる。そのためには私が職員に学ぶ」と決めた。まず私が、「外部から中途入社した人間として七年間、市役所をどう見てきたか」「区役所の職員に望みたいこと」というテーマで、全職員に講話をした。一度にすると窓口に混乱が生じるので、二回に分けて比較的お客さんの少ない時間帯を利用して実施したのである。さらに続けて、課単位ですべての職場を訪問し、その場で一人ひとりの仕事の説明を受け、直接に意見交換をした。

今では当たり前になっていると思うが、当時はまだよく認識されていなかった「市民の目線で仕事をする」ということはどういうことか、これで職員に十分に分かってもらったと思う。その後「区役所の窓口でこんなに親切にしていただいたことは初めてです」という内容のお礼状を、立て続けに何通かいただいた。

私の現場主義は、校区との関係でも貫いた。「こんにちは、区長です」という各区で共通に実施している施策がある。区長が校区に出張って行ってみなさんの要望を聴くという目的で、どこも毎年数校区ずつ実施している。わたしは「中央区は校区数も多くないし、一年で全校区回りましょう」と職員にハッパをかけた。職員は、とくに地域整備の担当の職員は警戒心を露わにした。「地域に行くにはおみやげが必要です」と言う。なるほど、地域回りをすると「どこそこの道路を補修して」だの「あそこの公園をきれいにして」だの、ハード整備の要求が圧倒的に多い。しかしそのような要望にすべて応えきれるはずもない。

私は「まちは一緒に創りましょう」と訴えた。住みやすいまちとは道路も公園も綺麗であることに越したことはないが、掃除が行き届いていたり、あいさつが気持ちよかったり、住民の目が行き届いて子どもやお年寄りが安全であったりすることの方がはるかに重要だ。「そのためにはどうすればよいか、地域の人と行政と一緒に考えましょう」。

地域の住民と一緒になって「モラルマナーアップ運動」を始めたのは、中央区が最初である。「放置自転車や違法掲示物は、自分たちで撤去したい」との要望も受けた。これがきっかけとなり、都市整備局で検討して「グループ登録をすれば、違法広告物は撤去しても良い」という制度が作られた。この問題に関しては、所有権との絡みもありなかなか難しかったのだが、住民の熱意が制度を変えたのである。

各校区にはこの「こんにちは区長です」以外に、夏祭りと新年の校区祝賀会と、都合三回は出かけた。おかげで地域の方たちとずいぶん知り合いになった。校区ごとに違う地域の状況にも詳しくなった。区長職から離れて十年にもなるが、いまだにお付き合いが続いている校区もある。

福岡市の中心

中央区は福岡市の中心地、天神という九州随一の繁華街を擁している。事業所も多く、法人市民税もダントツの高額である。また高級住宅地もあれば、低家賃の集合住宅地もある。仕事もそれだけ幅広く、やればやるだけすぐに成果が現れるから面白い。

とても印象深かったのは、捨て子ちゃんの名付け親になったこと。ある大型スーパーのトイレ脇の待合室に生後一週間もしない赤ん坊が置き去られているという。すぐにうちの職員が引き取りに行き、とりあえず児童相談所に預けた。親はいくら捜しても名乗り出ない。何をするにもまずは戸籍から作らなければならないが、親の手がかりがないわけだし、生後一週間もしないうちに外国から連れてこられたとも考えられないので、日本で生まれたものとみなして、日本人の国籍を与えるということから始まる。

それから名前を付けるのであるが、これが単に下の名前だけでなく、上の姓から作らなければならない。このことに私は軽い衝撃を覚えた。考えてみれば当たり前のことなのだが、単に机上で勉強しているときにはここまでは思い及ばなかった。後に学者仲間にクイズとして聞いてみても、ほとんどが私と同じ感想。やはり本の上の知識と実際の経験はずいぶん違うことがある。

「中央区は中心なんだから、元気でなくっちゃ！」

五月二日、三日の「どんたく」では、区役所前にどんたく舞台が設置され、もちろんいろんなどんたく隊が区役所にも表敬にこられる。こられた方の口上を受けた後、「祝うたあー！」と大きな声であいさつし、「祝いめでた」を歌い、一束一本という紙の束と扇のセットのお礼をして御神酒を差し上げる。このために私はどんたく用の着物一式を用意してもらったのだ。市長や商工会議所会頭などの「博多どんたく港祭り振興会」のご一行様到着のときには、区長を中心として区民や区職員で作った中央区役所どんたく隊が踊って出迎える。この日はまるで無礼講、まさに江戸時代から続いたどんたく祭りだ。

一通り午前中の行事が終わると、昼からは中央区役所どんたく隊として、市内のあちこちのどんたく舞台やど

んたく広場に踊りに繰り出す。みんなそろいの着物と法被、中央区は区のシンボルカラーが赤なので、赤の幟旗が目立ってなかなかよろしい。この日のために一週間前から博多民踊協会松永眞帆美理事長じきじきのご指導のもと、時間外に踊りの練習をしてきたのだ。場所によっては「おひねり」をくださるところもある。この時は県知事公舎広場で踊って頂戴した「おひねり」が一番よかったと聞いた。

つぎの日も朝からあちこちで踊りまくり。二日間も着物を着っぱなしだったのは、後にも先にもこの時だけだ。草履はこの二日間で消耗して、破れてしまった。最後には午後八時から市役所広場で総踊り。周りで見ている観光客も巻き込んで、踊りの輪の中に入れる。北海道とか東北あたりからのお客様に、持っている笹竹やにわか面を差し上げるのも喜ばれる。このように祭りを盛り上げることも、市役所職員の大切な仕事なのだ。

この祭りの盛り上がりで、区役所と区民の一体感はその後も続いた。毎年実施している「中央区夏祭り」も平和台競技場で盆踊りやら花火大会やら、ド派手な演出で区民のみなさんに楽しんでいただいた。十月十日の「市民体育祭」では各区対抗リレーがあるが、派手な幟と応援で我が中央区のダントツ優勝。十一月の「大濠祭り」は黒田藩に功績のあった二十四人の武将を顕彰するもので、鎧甲の二十四人が馬に乗って西公園の光雲神社から城跡まで行進する。普通は区長が先頭に立つのだが、これについては私は遠慮させていただいて、しかし行進の終点に特設舞台を作り、一カ月の特訓を受けた「黒田節」を舞ってお迎えをした。生の地方と唄をバックに、紋付き袴も凛々しく「いよっ、若武者！」とのかけ声に応えて舞う気持ち良さ。

区長は明るく、何事も率先してやらなければならない。区長になって、洋服もこれまでの地味目のものからはっきりしたものに変えた。声をかけられたら変な遠慮はしない。毎年二月の「ケヤキ通りレディスロード」も、主催の新聞社から「盛り上げのために一緒に走ってください」と頼まれ、二つ返事でオーケー。ついでに区役所の女性職員にも声をかけ、十数人で参加することになった。なんせ五キロのマラソン、急に走ると危険なので、勤務時間終了後何回かみんなで練習した。本番には女性職員は中央区の赤法被を着て走る、男性職員は赤幟を持って沿道で応援部隊。あとの打ち上げも楽しく、みんな何によらず、一所懸命にやった。

「中央区は中心なんだから、美しくなくっちゃ！」

区長はいろいろな会へのお呼ばれも多く、またあいさつも多い。変な話だが、区民のみなさんにとっては市長の次はすぐに区長という順序だ。本庁では市長、助役、局長その次にようやく区長という並びだから、はじめは「これで良いのかな？」と戸惑う。

あいさつはよく「中央区らしく、美しく」とやった。掃除が行き届き、住民のマナーもすばらしい、都市はそうでなくっちゃ。まずは、中央区役所の周りの掃除から始めた。週一回、昼休みを利用して空いている職員が周りのゴミ拾いをする。私も目立つように、中央区のジャンパーを着て参加した。これが乗り合いバスからよく見えるので、とてもよい宣伝になった。「区長さん自ら掃除をしござる」と、みなさん自分の地域にも目を向けてくださるのが嬉しい。

中央区はその前から「花いっぱい運動」をしていた。ちゃんとそのためのプランターも用意している。これをもっともっと活用して本当に花いっぱいにしたい。どこに行っても、花があるところは心が豊かに感じられる。そう言い続けていたら、中央区の法人会などいくつかの団体が賛同してくれて、自分たちで資金も労力も出して、昭和通り、大正通りなどに花壇を設置した。また、西鉄グランドホテルの周りの花壇もこの時にホテル側が整備したものである。

「花いっぱい運動」をもっと盛り上げるために、フラワーフェスティバルをすることになった。三月、春まだ浅い一週間、中央区役所の前には業者持ちで花壇の見本展示をしてもらい、デパートなど商業施設はこれに併せて花で飾ってもらった。極めつけは最後の日の「フラワーパレード」。高校の花のように美しいパレード隊に先導され、西通りを交通遮断し歩行者天国にして花を配って回った。中央署の交通係官もよくぞ許してくれたものだ。区役所の担当の松本導彦地域整備課長の熱意に動かされたのだろう。この係官は今は立派な署長さんとして、福岡県警の中枢を担っておられる。また、この当時、松本課長が中心となって拡幅した西中島橋のおかげで昭和通りの慢性的な交通渋滞は解消されたのだ。

ともかくみんなそれぞれにせいいっぱい仕事をした中央区役所時代だった。たった一年だったが、今でもこの時の仲間は時々集まって、当時を懐かしんでいる。

しかし、この中央区長時代の十一月、市長が代わった。現役市長が破れての交代劇だったために市役所中に激震が走った。私たちは投開票日の夜中にこのことを知り、その日は「これからどうなるんだろう?」となかなか寝付けなくて、不安な一夜を過ごした。「でも私は中央区の区長、私がしっかりしなければ」。

翌朝、職員を集め「私たちの使命は区民に奉仕することです。市長が代わろうが、このことにまったく揺るぎはありません」と一席ぶった。それから約四カ月、本庁舎内では新しい市長との関係は試行錯誤の連続だったようであるが、一歩離れた区役所ではそんなことは関係なく、これまで通り明るく楽しく仕事を続けられた。ただ私としては、前市長に個人的にヘッドハンティングされた身、これからどうするべきなのか、自分自身の身の振り方への心配は若干あった。

そして四月の初め、また異動の呼び出し。今度は市民局長だという。市民局長は七つの区を束ねる役目、七人の区長の中では私が一番若輩者でまた女性であるのに、なんだか他の区長さんに申し訳ない気がした。どんな経緯でこのような人事がなされたのか、まったく見当も付かない。また区民の方々は「区長さんが遠くに行ってしまう」と、とても悲しんでくださった。

黒船、何度も来たる

市民局長【平成十一――十二年】

悲喜こもごも

本庁に戻ると、またまた目の回るような忙しさだった。前市長時代に仕込んでいたサミットの福岡開催が流れて沖縄に決まったのは、市長が変わったからだとか、根も葉もないうわさで役所内の雰囲気は最低。さらに前々と前局長時代に、後に述べる子ども施策をめぐって市民局と与党自民党との関係もぎくしゃくしていた。議員室にあいさつに行ってもそっぽを向いて「市民局の言うことは聞かない」という調子。

しかし、本庁では議会とうまくいかなければ仕事はできない。そこで林田範雄という男性ではあるが、私から数えて三代目の、当時の女性部長の提案を採用し、他の局でもやっているらしい議員一人ひとりに担当課長を張り付け、つねに密接に連絡を取り合うという方法を採用した。どんなに嫌われていてもしょっちゅう顔を出していれば、わだかまりも氷解する、そんなことを実感した日々でもあった。

その間にも、それまでに着手していた市の大型プロジェクトはどんどん完成する。リバレインの商業ビルと福岡アジア美術館は三月末、一足先にオープンしたが、五月三十日にはいよいよ本格劇場「博多座」が開業式を迎えた。実はこの「博多座」も文化部を所管している関係で、市民局の管轄なのだ。

二十九日は「船乗り込み」。中村鴈治郎、尾上菊五郎、市川団十郎など、バリバリの歌舞伎役者さんたちが、キャナルシティ横の清流公園から博多川を約八百メートル下って「博多座」のあるリバレインまでの船上パレードだ。この日のために柳川から借りてきた十艘くらいの「どんこ船」の、それぞれ前方に役者さんたちが乗り込んだ。後方は関係者ということで、私もその一人として同乗させられた。晴天の一日、岸辺に五万人もの人たちが鈴なりになって「成駒屋！」だの「音羽屋！」「成田屋！」だの大声で叫び、手を振り、紙吹雪を散らす。役者さんたちは優雅に答えて手を振り返す。でも、お呼びでない私たちはどんなふうにしていればよいのやら。一時間くらいだったろうか、ともかく終わるまで身を縮めて生きた心地がしなかった。

翌三十日は「博多座」のこけら落とし。この日のために高円宮ご夫妻はじめたくさんのご来賓をお迎えしている。その方たちのエスコートや会場整理も「博多座」だけでは手が回らないので、市民局がお手伝い。三日前に要請がきたので緊急会議を開き、部を超えた応援態勢で、部長、課長の土曜、日曜、全員ダークスーツでのボランティア出勤をお願いした。みんな快く承諾し、その日を楽しんでくれたのには今でも心から感謝。私は高円宮様のお相手という事で、食事をご一緒させていただき、開会行事もお隣で見せていただいたのだが、緊張していたのであまり内容は覚えていない。しかし宮様の歌舞伎へのご造詣の深さには感心させられた。この後、しばらくして高円宮様がご逝去されたというニュースに接したときには、しばらく信じられなかった。

この「博多座」はじつは桑原前市長の英断でできたような物。また市の財政を引っ張らないよう、さらに次々と新しい演目をやって行けるよう、建物は

市役所が建てるが運営は松竹、東宝、明治座、コマ・スタジアムなどの興行会社との合同でやるという、たいへんユニークな仕組みにしている。また設立当初から会員を一口五万円で二万人募るというアイデアが大当たりして、この六月の「開場記念こけら落とし大歌舞伎」は連日大盛況。これでアクロスのシンフォニーホール、キャナルシティの劇団四季常設ミュージカルシアターとそろい、「やっと博多も本物の文化都市になった」と、これまでの憂さが吹っ飛んだような晴れがましいひと月だった。

ところがこの六月の終わり、二十九日、思いも寄らぬ大事件が起こった。その日、朝七時頃窓を叩き付ける雨音で目が覚めた。家を出るときには雨は小止みになっていたのだが、ちょっと行くと道が冠水している。「これはいけない」と家に帰って歩きやすい服装に着替えて出直した。天神付近も冠水していたが、すでに最悪の状況は過ぎていたようだった。

局長、三役は出勤の状況がランプで知らされる。その日、電気があまりついていない表示板を見て、「今日はやはり遅れてこられる方が多いんだな」とは思いながらも、何の連絡もないので普段通りの仕事をしていた。

昼過ぎ、「博多駅周辺が大変なことになっているらしい」との第一報。

「地下街に雨水が入り込んで、死者も出たらしい」、テレビの情報の方が早い。市民局には防災係があるが、そこには一人の職員がいるだけ。「でももう雨は止み、水は引いているのに、今さら防災でもなかろう」と言っても、やはり何かをしなければならないだろうと必死で考え、「集中豪雨被災対策本部設置」を市長に進言した。それからは実務レベルで何をしなければならないかの検討や、被災地視察、報道対応、議員説明と目の回る忙しさ。この時は豪雨の雲が居座り、引き続き災害対策本部を設置し、何日か市役所に泊まり込んだ。

今から考えてみれば、何も市民局がしゃしゃり出る事もなかったのかもしれない。後に、中心となるべきだったのは、これまで対策本部があった消防局か、河川を管理する下水道局ではなかったのかという話もあった。でも、私は一市役所職員として一番先に謝ったのだ。だって死者が出た災害です、市民の安全な生活を司る市役所職員としては、どうあったってまず謝るのが当然でしょう。で、私の所に全責任がきた格好になった。

その後市民局が中心となって市役所全体を動かし、雨が降り出すと、河川決壊のおそれのあるところには土嚢を積みに行く、住民を避難させる、避難所の確保、避難誘導、雨が降り終わってもしばらくは避難所を運営し、泥だらけになった家屋の掃除、家具などのゴミ収集、伝染病予防のための消毒などの作業の指揮を行った。いずれも市役所職員だけでは対応できないので、市民ボランティアを募る。このように応急的な措置をしながら、なぜこのような大災害になったかを分析し、やはり情報はいち早く市役所全体で共有し、市民に知らせなければならないと思った。

　この集中豪雨被害に関しては特別委員会が設置され、これまた市役所で一番最初に謝った私が集中審議の矢面に立たされた。これまで市民局に防災担当は一人しかいなかったので、急遽、課の体制にしてもらい、課長と係員を増員してもらった。それでもしばらくは休み返上で仕事をした。どの会派もここぞとばかりいろいろな質問をする。委員会での一日一三〇回の答弁というのは、それまでの一人の答弁としては過去最多で、たぶんそれ以後もこの記録は破られていないと聞く。喉は何とかもちこたえたが、立ったり座ったりで足が強張った。この中で市役所職員の動員体制、市民への情報伝達、県や国との連絡体制、都市造りのあり方などの問題が明確になった。

　ほぼ一年かかって問題を整理し、地域防災計画を見直し、新しい体制を作り上げることができた。議会ではいろいろ言われたが、今でも災害対策本部を市民局に一元化したことは間違いではなかったと思っている。市民局の七階フロアに防災対策室を設け、市内各所と結ぶ緊急連絡網を設置し、何か起こった場合には映像を見ながら防災会議ができるようになった。

　平成十七年の福岡県西方沖地震の際も、市民局を中心として市民への情報伝達、被災者支援などの活動がとてもスムーズに行われた。この時の官民挙げての復興への頑張りは語っても語りつくせない。

文化・スポーツとお金集め

大雨の被災処理から一息付く間もなく、NHKで西暦二〇〇一年の大河ドラマに「北条時宗」を取り上げるから協力せよ、との上からのお達しがあった。「時宗」と言えば「元寇」。偶然だったが、二年前私が教育次長の時に「元寇防塁を整備しなければならない」と思っていた矢先に、フランスのシラク大統領が来福するので、その折りに「元寇防塁」を視察したいとの意向が伝えられた。シラク大統領は大の日本びいきで、なかでも相撲が好き、ちょうど十一月の福岡場所の開催中に来日されるという。

なぜ「元寇防塁」か？

このあたり、日本人とくに博多の人はもっともっと歴史を知らなければならないと思う。ジンギスカンの元はアジア、ロシア、東ヨーロッパを席捲した。元に侵略されなかったのは日本だけだ。その防衛線になったのが「元寇防塁」、ヨーロッパの教科書には必ず出てくるという。そのような重要な宝物なのに、福岡の人もほとんど見ることがない。憂えていた最中に、視察の話。急遽、生の松原にある残った状態の一番良い防塁を補強し、説明板を新設した。

「元寇」ばかり続くものだ。

でも、せっかく福岡を取り上げてもらうのに「元寇」だけでもなかろう。じつはこの企画、以前NHKのチーフプロデューサーだった音成正人氏が福岡出身で、この件にいっしょに取り組むように指示された、当時、福岡市東京事務所長の北嶋雄二郎さんとともに、修猷館高校の同級生、前々から福岡を舞台に何か仕掛けて欲しいとこちらから頼んでいて実現したものだ。この数年前には朝の連ドラ、山笠を主題にした「走らんか」を制作放映してくれた。毎朝、博多湾に向かったタワーとドームの映像を全国の人たちが見てくれていると思うと、どんなに誇らしかったことか。

せっかくの機会、私たちは改めてその時代の勉強をして、役に立ちそうな資料をどんどんNHKの担当者に提供した。聖福寺や承天寺の歴史を調べ、博多織の起源やら饅頭、そばの発祥の地がここであったということを始めて知ったのもこの時である。そのうちにこの「北条時宗」の原作者であり、またテレビの台本の執筆真っ最中であるという高橋克彦氏が福岡に取材にこられるという。私たちはこの時とばかり懇親会を設け、にわか仕込みの知識を必死で披露した。後から考えたら、高橋氏は歴史の専門家、なんと恥ずかしい事をしたことか、反省、反省。

しかし、高橋氏はさすが紳士。「なぜ元が博多をめざしたのかも大きなテーマにしましょう」と約束してくれた。そのころ博多は宋との貿易が盛んで宋人がたくさん住んでおり、大唐街もあった。そこで宗人の貿易商の謝国明という人を、時宗とフビライの間をつなぐ役目として、準主役級で登場させたのである。この役を北大路欣也さん、時宗は和泉元彌さんだから、その重みが分かるだろう。でも実際の歴史では、この二人の生きた時代には約五十年のズレがある。博多振興のための高橋氏の多大なご協力に、感謝、感謝。

これですべてであれば良かったのだけれど、NHKの方からテーマ館を作る事を強く求められた。これは経済振興局にお願いした。経済振興局ではいろいろ検討した結果、百道浜の海岸に大きなテントを設置し、テーマに関する展示や物販、イベントを繰り広げる「中世博多展」を半年間にわたって展開した。これはそもそもが降ってわいた話だけに、お金集めや運営態勢を整えるのに大変な苦労をされたようだ。楽しかった反面、申し訳なかったなあという気持ちも拭えない。

この年はまさに降ってわいた事の多い「当たり年」だった。「元寇」と並行して、八月末頃から王監督率いるダイエーホークスのリーグ優勝のマジックがつき始めた。九月になると早々から、「優勝を祝う横断幕をかけなければいけないのでは?」と心配する声が出てくるようになった。横断幕をかけるのは何とかなるのだが、この費用はどこから捻出するかが問題なのだ。市が作ってかけると言ってもまさか税金を使う訳にはいかない。だって市民のすべてがホークスファンでもないでしょう。こんな時には議会の承認がいるのだが、間に合うはずもない。結局、市の親睦団体の部局長会、課長会にお願いして必要なお金を工面した。あわせて市議会の方でも議員有志がお金を出し合い、幕の作成を発注。こうして晴れて優勝の日には、懸垂幕を二枚仲良く市役所の壁面に掲げることができたのだった。

さて、こうなると次は日本一。はやくも「めざせ日本一！」コール。福岡市は沸きに沸いた。なんせ西鉄ライオンズが去り、ダイエーホークスを誘致して待ちに待った十一年目の快挙。町中が祝勝と、日本一祈願の横断幕やら懸垂幕やらであふれた。

しかしこちらはそのような喜びに浸ってばかりはいられない。優勝チームは街の目抜き通りをパレードする習慣があるらしい。あちこちでその話が持ち上がっていた。はじめは地元のN新聞社が音頭を取ってやるということだったが、それでは他の新聞社も黙っていない。またホークスの後援会長の杉浦博夫さんも以前からの因縁で、それには協力しないという。それやこれやで最終的に財界のほうから「市役所が音頭を取って一本化して欲しい」との要請がきた。

市役所の担当はスポーツを所管している市民局。福岡で前回パレードをやったのは西鉄ライオンズ優勝時のほぼ四十年前。経験者など誰もいやしない。前年度優勝パレードをやった横浜市の責任者に教えていただきながらの手探り状態。日にちの設定、ルートの選択、乗り物の手配、警察との交渉、お金集め等々。

費用は四千万円くらいかかるということで、これももちろん税金ではまかなえない。急遽、財界を中心に実行委員会を組織して寄付の受納団体を作った。しかし後に述べるように、私たちはちょうどその時「二〇〇一年世界水泳選手権福岡大会」のために財界には多大の寄付をお願いしており、その上のことだから大変に心苦しいことではあった。さらに実際にお金を集金するのはパレードが終わった後だから、やりにくいことこの上もない。

この時の財界側の集金の責任者になってくれたのが、当時九州電力の橋田紘一総務部長。九電工の社長になられた今でも、この時の苦労を言われる。市民局とはお金を集めなければならないところだと、心底実感した。

警察からは事故がないよう警備員の配置を指示された。しかし求められるだけの数の警備員は福岡市内では確保できないし、また費用も莫大にかかる。そこで、市役所職員と運動サークルに所属している大学生にボランティアをお願いした。警備員と交互に配置することでお許しをいただいたのである。車両の一台は横浜市交通局がオープンバスをもっていたので、それを貸していただくことにした。

ダイエーホークスは私たちの期待に順調に応えてくれて、晴れの日本一になった。かくして十一月七日、じつに四十年ぶりの優勝パレードが実現したのだ。当日は晴天。先頭のオープンカーには、王監督と中内オーナー、選手たちは次のオープンバスに乗っている。紙吹雪がすごい。私も関係者の一人として、後続のバスに乗り込んだ。車窓から見ると、人、人、人。とくに天神交差点では、左右百メートルずつ人の顔ばかり並んでいる。観客は四十万人とも言われている。福岡中が興奮の渦に巻き込まれた。

警察が警備員の件をやかましく指示した意味がよく分かった。沿道に張り付き、屈強の男たちが群衆を押し戻した。なかに偶然女性の胸に当たり、痴漢と間違われた職員もいたが、それを除くとおかげで事故は一件もなく、パレードは無事に終了した。街路樹の上や道路上に振りまかれた紙吹雪は、その日の内に環境局が掃除した。王監督が一人ひとりのボランティアに深々と頭を下げておられたのが、とても印象的だった。「この方のためなら、こんな苦労など何ともない」と思った。

ダイエーホークスは、次の年も優勝したが、懸垂幕や優勝パレードについては手慣れたもの。しかし、お金集めはこの年も苦労した。また、N新聞社からはしばらくの間、市役所から自分たちの計画が妨害されたと思われていたらしいのには閉口した。

子どもと人権

市民局の仕事は、もちろん降ってわいたものばかりではない。文化、スポーツ、災害対策もあるが、そのほかに女性施策、子ども施策、人権同和対策、区の振興など日常的な業務は多々ある。

子ども施策については、私が平成三年に市役所に入ったときから継続して関わってきた。というのは、前の桑原市長の第二期目の選挙公約が文化部、女性部の新設、子ども夢プランの実現などであった。文化部、女性部は次の年度で設置され、その初代の部長の一人として私が市に招かれたのである。子ども夢プランについては、内容を固めるために委員会が設けられ、私もその委員の一人に加わった。

そもそも、私は研究者時代に「家族機能の不全」に関して調査研究をしており、夫婦、親子、高齢者、青少年などの諸問題については書いたり、講演したり、国に対して提言もしていた。このような施策こそ、口の出しどころだ。

子ども夢プランは、「子ども夢パーク」「子ども総合相談センター」「こどもアメニティプラン」の三部構成。「子ども夢パーク」は全市レベルで子どもの遊びの拠点を作るというもので、東京のコンサルタントから他都市の大きな遊園地やら子どもの城みたいなものやらいろいろの実例が紹介され、私たちも心を遊ばせてもらった。しかし、そのうちにバブルがはじけ、大きな箱物はもう作れない状況になった。その代わり「インターネット上で遊べるバーチャル夢パーク」という案も出されたが、これもそのうちに立ち消えになった。

あまり大きな声では言えないが、このように他都市の大手コンサルタントに計画作成を依頼して、ものにならなかった例は市役所全体でいくらもある。当たり前だと思う。金太郎アメみたいに日本国中どこにも同じような提案をして、同じような物を作らせる手法に限界がきているのである。地方もこのような計画は自分たちの手で作るようにならなければ、地方自治とは言えない。

「子ども総合相談センター」については、当初から、老朽化した児童相談所の立て替えに合わせ青少年相談センターの統合を図るという大きな方針があったため、議論はその内容に集中した。折しもその前年、私は研究者時代に共同研究者らと、相談者のニーズに応じて調整、助言、治療が可能な総合的機能をもつ「家族問題総合相談センター」設置の必要を文部省主催のシンポジウムで提唱し、また出版もしていたので、このときの共同研究者にも本計画策定のための委員に加わってもらった。市役所内部にも専門家が多数おり、このような人材を得てかなり深く、積極的な議論が積み重ねられた。そして、子どもの養育や教育、非行などすべての相談に対応し、問題解決に当たる市のセンターとして「子ども総合相談センター」を設置するという計画は、順調に策定された。

基本計画を作ると次は実施計画、それから実際の建設のための土地探しと並行して、建物を建てるための基本設計、実施設計が必要で、一つの物を建設するのには最短で四年はかかる。私が市民局長として担当に就いたときには、土地探しと基本設計の段階だった。中央区の比較的交通の便の良い所で、隣の中央養護学校の校庭も共用できるという恵まれた場所に設置を決定できたのは、前任の大森邦明市民局長の前さばきのお陰である。この施設は、子どもに関するすべての問題に第一次的に対応するという事で全国的に話題になり、いまでもあちこちからたくさんの方が視察にお出でになる。しかし本来的には建物ではなく、その中で職員がいかに連携し、子どもの諸問題に総合的に対処できるかということが本命である。この件に関しては、残念ながら今一歩の感がある事は、後に述べてみたい。

さて、第三番目の「子どもアメニティプラン」。これについては、じつに紆余曲折があった。本来なら街全体が子どもの遊び場であってもよい。私たちは昔そのようにして、路地でも広場でもまた他人の家の軒先でも、学校が終わって暗くなるまで遊び惚けて育った。それは街全体が見守る中で、交通事故や不審者の心配をしなくてよかったからだ。このような遊びを通して子どもたちは様々な体験をし、工夫する事を学び、また人との関係や社会のルールを学んだ。このような環境はどうすれば取り戻せるのか？

平成八年頃、突然「地域子どもセンター」の案が飛び出した。放課後の小学校をこのようなアメニティの場にしようというものである。昨今、文部科学省が「放課後子どもクラブ」の整備を進めているが、これの十年先取りといったところである。しかしその当時の福岡市ではとくに与党の間で、学校をこのような形で開放する事に対する懸念が強く、さらにこの案が議員への説明を抜きに新聞紙上で発表されたことから、市民局は大変な反発を受ける事となった。当時の市民局長はこの後始末で駆け回っておられた。

次の市民局長もこの影響を受け、ずいぶん苦労されたようだった。で結局、箱物ではなく「地域子ども育成事業」というソフト事業へと大きく舵を切った。それを私が受け継いだのである。地域全体で子どもの遊びを見守る方策を考えるという事で、考えようによっては当初の理想型に戻った形だ。

このような形の地域作りこそ、私が目指しているまちづくりの根幹である。私はおおいに張り切って、「地域は子どもを育む大きな家族」というキャッチフレーズのもと、この運動を推進することとした。いくつかの校区でモデル事業も始めた。モデルになった校区では、多くの団体が連携して大人たちが子どもを見守る環境が整い、その結果、子どもたちがゴム跳びをしたり、かくれんぼをしたりという群れ遊びが復活したところも見られた。

しかしその後十年が経ち施策の担い手も変わって、今、放課後の子ども施策としては、共働き世帯対象の「留守家庭子ども会」と全児童対象の「放課後の遊び場づくり」が実施されている。いずれも子どもの遊びに大人の監視をつけるものであるが、私はこのような方向はあまり好まない。子どもはもっと大きな緩やかな見守りの中で、のびのびと遊ばせたいものだ。

この時期、もう一つ受け継いだ大きなプロジェクトは、同和対策の見直しについてである。特別措置法の期限切れを迎えて、今後のあり方を示さなければならない。これは非常に政治的な問題も絡み、デリケートに扱わなければならない。見直しのための協議会を幅広い委員参加で設置し、毎回毎回きちんとみなさんに納得していただきながら次に進むという、とても時間と労力のかかる作業であった。しかしこの地道な作業を通して、決して引き返す事のない新たな次の段階に移行したのだ。協議会の座長、元西日本新聞社の稲積謙次郎氏に心から感謝する。

一方、同和特別対策を廃止しても、人権問題にはより真剣に取り組むことを示すために、すべての人権問題に対処するための「人権センター」を設置する事にした。私たちはこれをできるだけ市民が利用しやすい場所に、しかもできるだけ「おしゃれな」場所に置きたかった。いろいろ検討したあげく、高級ブランドがたくさん出店しているリバレインビルの八階に持ってきたのだ。

しかし、これを「リバレイン救済のためだ」と新聞にデカデカと書かれたときには、正直言って悲しかった。「人権啓発センター」は、今でもリバレインで活発に活動を続けている。

安全、安心のまちづくり

安全、安心のまちづくりも、市民局のベーシックな仕事である。もちろん地域が主体であるが、警察などとの緊密な連携も欠かせない。市民局長二年目に、懸案であった県警からの出向として益田充隆警視を生活安全部長として迎え、同じフロアに常駐していただくことになった。これで、自転車や自動二輪の撤去、飲食店の多い中洲地区の環境浄化などちょっとしたことでもすぐに相談ができ、われわれの安心感と迅速性は格段に高まった。

安全に関して市民の方からの一番多い要望は、何といっても交番の設置である。しかしこれは市だけでは何ともできないことで、県にお願いするのが精一杯。

ちょうどこのころ、ドームの南側に若者中心の集客施設を作るという計画が発表されたが、これに対してこの地区の住民が夜中もうるさくなるし、風紀が悪くなるとして反対運動を始めた。私たちは住民側と施設側の真ん中に立って仲裁をしようとしたが、埒があかない。最後にこの地域に交番を設置して、風紀を乱す者は厳しく取り締まるのであれば認めるという住民側の提案に、施設側もそのための土地なら自分たちが提供するとの妥協案が成立した。そこで私たちはこの妥協案を実現させるために、県警と県に日参した。幸いなことに、県警は交番の設置場所の全体的な見直しを図っているところだったので、近辺のあまり問題のない地域のいくつかの交番を整理し、地行浜地区に新たに設置することにしてくれた。

交番の設置に関しては、もう一件。早良区の室見交番が埋め立てにより百道浜に移ったことによって、室見などの住宅地からは交番がずいぶん遠くなり、以前から不用心で、不便だという苦情がずっと寄せられていた。「ついでだ、やってしまえ！」。

交番を作るためには用地はこちらで用意するというのが原則。その地域で適当な土地を探したが、もっとも良さそうな土地は私有地だった。しかしそれを購入してまでというのは市の財政状況からとても許されまい。ところがよく調べてみるとその持ち主は市職員。すぐ近くにほぼ同価値の市有地があるので、それとの換地はどうだろうかともっていったところ、これまた快く協力してくれた。で、これも交番の再編の流れの中に入れていただき、めでたく一件落着。

つぎに、交番ではなく警察署の新設。これまで福岡市には東署、博多署、中央署、南署、西署の五つの警察署が設置されていた。行政上旧西区は人口の増加に伴い、城南区、早良区、西区に三分割されたが、警察署はずっと一つのままだった。しかし、その管轄する広さと人口の多さから署員数は福岡一、一一〇番の多さは日本一、大変忙しいところだった。警察署の方もそう思っておられただろうが、市民の生活を守るために、市からもかなり前から分割を要望していた。私は、これを機会あるごとに強く強く要望した。

このときの西署長さんは、背が高く強面な方だったが、ちょうどそのころ西署管内で週刊誌沙汰になるような事件が起こり、てんてこ舞い。一段落して、お互いの慰労も兼ねてゴルフを一緒にさせていただいた。もちろんみんな自払いです！　その時は、他に体格の良い男性が二人一緒だったが、一発目にどういうわけか私がものすごく飛ばして三人を置いていった。それで三人はガタガタ。「男の人って、強そうな人ほど案外気は優しいんだ」と実感した。

まさか、この縁でもなかろうが、これから数カ月後、市民局に出向してきてくれている益田部長から、県警は西署を分割する方向で検討に入っているということを知らされた。実際に分割されたのは平成十八年四月、五年後である。行政は実現するまでに時間がかかるのだ。


この間、残念ながら検察との関わりももつことになった。それ以前から、市役所幹部の汚職事件に関して捜査が進んでいるといううわさは聞いていた。周りにも、検察庁に呼ばれて事情を聴かれたという者が何人か出てきた。私には一月二十三日に検察庁から電話があり、翌二十四日に一時間ほど、二年前のある一日の件の幹部の行動に関していろいろ聴かれた。

なにしろ初めてのことで緊張の極み、しかし二年前の大して気にもしていない出来事を正確に思い出せるはずもない。熊本から応援にきたという若い検察官と書記官、世間話をするような雰囲気だった。「一時間ばかり食事などして時間を潰して、またきてください」と言われ、外に出た。再度部屋にはいると、先ほど聴かれたことがちゃんと文書に起こされている。それを検察官は声に出して読み上げるのであるが、まあ明瞭で正確なこと。検察官と書記官の能力の高さに恐れ入った。

翌々日の二十六日、私たちは世界水泳選手権大会半年前のイベントを市役所ロビーで行っていた。ちょうどその時間、当の幹部は局長室で逮捕され、地下道を通って連行されたという。ロビーにいた誰も気付かなかった。それから関連施設の強制立ち入り捜査が開始された。当の幹部は三代前の市民局長も歴任していたので、私がいる市民局長室も捜査の対象となった。四〜五人で、机の中も含め部屋中のすべての書類などを点検して、何もないと思っていたのだがそれでも段ボールひと箱持っていった。捜査の仕方はとても手際よく、また終わってもきれいに片付いている。ことの重大性を感じるとともに「さすがプロだ」と変なところに感心した。

自衛隊とのお付き合いもこの市民局長の時である。いつもは防災訓練のときにしかお目にかからない方たちだが、平成十一年六月二十九日、大水害の後からは災害対策本部を作るごとに連絡を密にした。

さらに、覚えておいでだろうか、西暦二〇〇〇年問題のことを。二〇〇〇年になるとコンピュータに組み込まれた時間が九九から〇〇に戻るので、正確に対応できなくなるのではないかと世界中で騒がれた。不測の事態に備え、各民間会社なども従業員が泊まり込んだらしいが、市役所も私たち市民局が中心となり、この年の瀬は防災服を着て仕事場で過ごし、警察、自衛隊との共同出動に備えた。結果何も起こらなかったが、何もなくて当たり前、一般にはこの陰の苦労なんて見えもしない。

しかし一緒に苦労を分かち合うと自然に仲間意識が出てくる。年度末には陸上自衛隊春日駐屯地にお招きをいただき、自衛隊の災害への装備や訓練など日頃お目にかかれないものまで見せていただき、また給食もごちそうになった。これはさすがに私には量が多くて、全部食べると苦しかった。しかし男性ばかりの中で女性の私には特別優しくしてくれているようで、ちょっと「女冥利に尽きる」心地がした。

私の文明開化

文化芸術振興財団副理事長【平成十三――十四年】

左遷？

三月の半ば、まだ議会の真っ最中というのに、早くも人事のうわさが出てきた。間もなく、その頃市長室長を務めていた同級の北嶋さんに、今度私は外部に出されるらしいことを告げられた。私は「まだまだ市民局でやらなければならないことがたくさんあったのに」と、愕然とした。その日始めて悪酔いをした。

次の日に新聞辞令が出て、それからは「○○から足をすくわれたのだ」など変なメールが入ったり、親しくしてくださっていた議員さんから疑問や慰めの電話が入ったり、日頃話をしたこともなかった職員から「ひどい人事もあるものですね」と声をかけられたり。反対に「よかったね」と電話をくれたのは外部の友人、また祝電を下さった方もいた。私としては一所懸命与えられた仕事をしただけであるのに、何とも割り切れない気持ちだったが、でも反対に多くの応援団がいてくださる事も知った。

最初はショックだったが、そこは私のこと、すぐに次の職場になじんでしまった。新しい職場は「福岡市文化芸術振興財団」、アジア美術館や人権センターと同じリバレインの九階にある。これは市の外郭団体で財団の理事長は九州電力、九州経済連合会の会長である大野茂さん。といってもこちらは理事会のときしかお見えにならないので、日頃は副理事長の私が財団を代表する。

福岡における、古今東西あらゆるジャンルの文化芸術の振興のためにお手伝いする訳であるから、当然、芸術関係のイベントはできるだけたくさん見ておかなければならない。ミュージカルや演劇を昼夜はしごで観たり、市内あちこちで開催されている美術の展覧会を駆け回るようにして観たり、もったいないような毎日である。

ひとくちに舞台といっても能、狂言から文楽、歌舞伎、クラッシックバレエ、コンテンポラリーダンス、商業演劇から地元劇団の演劇もある。また文化団体もいろいろ、日舞、バレエ、お茶、お花、書道、美術などの団体も、それぞれの中に複数の流派や集団があり、競争関係にあったりするので、それも見極めながらお付き合いしないと大変なことになる。ともかくはじめは文化芸術の洪水に慣れるのが大仕事だった。

先輩が「今は勉強の時期よ」と言ってくれた意味が良く分かった。まったく文化芸術を理解していなかった私でも、毎日シャワーのように浴びていると、何となく見る目みたいなものは養われる。お陰で今ではいろいろなものを観せていただいても、あまり怖がらずに自分なりの感想が持てる。ほんとうに、人生に無駄はない！


残念だったのは、グラフィック・デザイナーで「博多町家ふるさと館」館長の西島伊三雄先生が、この年お亡くなりになった事。先生にはこれまでも町人文化連盟のお花見会やら、飯塚嘉穂劇場の座長芝居やら、柳川の「白秋祭」やらにお誘いいただいた。その後の二次会なんかもご一緒して、昔の苦労話なんかもおもしろおかしく聞かせていただいていたのだ。

ここで思い出したが、私が市民局長の時、西島先生に「博多の文化に関して多大の功績があった」ということで、国から叙勲をしていただこうと文化庁に掛け合ったことがあった。最初、文化庁は「グラフィック・デザイン」は文化ではないとの冷たい返事。そこを福岡市出身の山崎拓国会議員を通して、なんとか文化と認めさせたのだ。今では文化庁は新しいジャンルの文化を積極的に応援する姿勢である。

叙勲が決まったとき、先生は本当に子どものように喜んでくださった。決まったとたんにいろいろなことがあるそうだ。一番おかしかったのは、いろいろなデパートからどっさりカタログが送られてきて、「叙勲を受けるとあなたのこれからの人生は変わります」と、ふだんの洋服や着物なども、これまでよりもワンランクもツーランクも上の物を着なければならないとの手紙が入っていたそうだ。叙勲された後もなかなか大変なことらしい。

さて先生はことのほか、私が文化関係の仕事に携わるようになったことを喜んで、ご自分のアトリエで親しい方たちと乾杯してくださった。ちょうどそこにあり遺作になった夜明けの山笠を描いた大作の解説をしてくださったが、普通は描きかけの画は絶対に人に見せないそうだ。先生はこの後すぐに病床に伏せられ、お見舞いに行くと、苦しい息の間から「せっかくアンタがきたのに、後ろ盾になってやれなくてごめん」と言われた。ありがたさに涙が出た。その後その遺作の画は大きく陶板に焼き付けられて、平成二十一年度完成の九州大学新病院待合室の壁面を飾ることになった。なんと偶然に私はその審査に関わることになったのである。

ついでに長谷川法世さんについてひとこと。初めてお会いしたのは平成七年、NHK朝の連続テレビ小説に法世さん原作の「走らんか」が取り上げられることが決まって、その宣伝のた

めに来福された時だった。接待役を任され、自分の馴染みのお店に「有名人」を案内したときの面はゆさ。

その後、西島先生亡き後、私たちの文化芸術振興財団の理事と「博多町家ふるさと館」の館長就任をお願いした。当時関東の方にお住まいだったので就任を固辞されたが、「この方がもっとも適任」ということで、私たちは粘り強くお願いした。いまでは博多の町人文化の代表として、さまざまな場面で大活躍してくださっている。心から感謝している。

「アートリエ」と「わの会」

財団には市役所からの出向職員の他に、嘱託ではあるがそれぞれの分野のキュレター、いわゆる学芸員がいて、専門的な知識をふんだんに持っている。しばらくして様子が分かってくると、もっと積極的に何かしたくなった。せっかくこのような知的集団がいるのだから、「ちょっと勉強会でもしましょうよ」と声をかけ、毎月一回、それぞれの専門分野から素人向けのトピックを話してもらう勉強会とその後の懇親会を持って、文化行政に関する注文や夢などを語り合った。その中から生まれたアイデアが、文化人のたまり場と文化情報の発信力の強化の必要性。

チャンスは思いがけなく、すぐにやってきた。リバレイン救済のために、地下二階部分を福岡市が借り上げ有効活用するという決定がなされ、各局にその必要性が調査されることになった。私たちはさっそく私たちの夢を実現するべく行動を開始した。これまで福岡市には具体的な文化戦略がなかった。そこで、私たちは福岡の文化の可能性を唱い上げたのだ。

博多座やシティ劇場のあるこの博多部に、文化人が集まり、文化を発信する場を作る。この博多部は昔から町人の街で、伝統的な博多文化が色濃く残っている、これらの文化を継承発展させる必要もある。また福岡で開催されている様々な文化の催事情報をここに集約し、チケットもこの場で買う事ができる。つまりここにくれば新旧すべての文化情報を得る事ができ、またここにくるだけで博多の文化の雰囲気を味わう事ができる。このような場を作る事で、福岡の文化力は格段に高まるだろう。そしてこの文化力こそが全国からのみならずアジアから世界から人を呼び込み、今後のビジターズ・インダストリーの牽引役になりうるだろう。

人を集めるには情報がいる。たまり場とするにはカフェがいる。もっと楽しく、もっと役立つように、私たちはいろいろな施設を見て回った。やはりエキサイティングなのは、ニューヨークと東京。ニューヨークにも一週間かけて調査に行った。近隣のいくつかの美術館が一つの統一テーマで連動して展覧会を開催しているのも面白かった。世界のギフトショーの規模の大きさ、これを見るだけでも美術館や博物館に行ったようにわくわくする。とくに近代美術館のミュージアムショップに並べられている品々のデザインレベルの高さ、これを専門に開発する学芸員がいて、相当な売上高になり美術館運営を支えている。さらに劇場がひしめくブロードウェーの入り口には、〝Tケット〟という売れ残った当日チケットを集約して、半額で売る場所がある。わざわざそれを目当てに早くから並んでいる光景も見物である。

東京では、おもにミュージアムカフェを見て回った。いまではミュージアムの中のレストランは単に付属物ではなく、ここで食事をするためにくるお客さんも多い。有名なフランス料理店が運営する所もあるらしい。さらに都心でいま流行っているカフェを観察すると、多くはオープンでコーヒーを飲みながら道行く人を見るとともに、自分たちも人から見られているのを意識している事が分かった。よし、徹底的にオープンでいこう！

このようにして、リバレイン地下二階に「文化芸術情報館アートリエ」は、カフェ・アートリエ、ミュージアムショップ・アートリエ、メガチケット・アートリエとともに平成十四年七月二十日オープンした。小さな演奏会や、講演会を定期的に催し、リバレインが全体的にお客様が少ない中で、こ

のスペースはいつでも結構にぎわっている。理想にはまだまだ届かない所があるが、これを大きく育てて行く事が、福岡の文化度を高める力になると信じている。

これと並行して、福岡市の美術館、アジア美術館、博物館をもっと皆さんに利用していただけるようにとの願いを込めて、「わの会」なるものを作った。一定の金額を払って会員になると、これらの館で開催される展覧会に何度でも入場でき、さらにそれぞれで発行される文化情報誌などを送ってもらえるというシステムである。一種の会員制システムであるが、三館共通であるのがみそ（後に図書館のシネラという映画館も加わった）。三倍の特典があるようなものだ。

あまりに好評で、また利用頻度が当初予定していたよりもずいぶん多くなったので、入場回数は後に制限された。これは「わの会」から利用に応じて各館にお支払いをしているので、財源との絡みで仕方ないのです、ご理解いただきたい。会員は多いのだが、企業などの支援が期待するほど集まっていないのも一因であり、とても残念な事ではある。この辺のところはヨーロッパやアメリカとずいぶん違う。やはり文化力の違いなのだろうか。ちなみに私の「わの会」の会員番号は二番。一番をいただくのはあまりにもおこがましかったから、他の方に譲りました。

のちに多少やりかたの修正はされたが、今でもこれらの事業は立派に成果を上げ続けている。

私たちはかなり短期間で、思っていることを精一杯やれたと思う。もっともいずれもすんなりいったわけでは決してない。素人集団で、制度ややりかたの仕組みをあれかこれか迷いながら研究し、本体の市役所とのやりとり、共同経営をお願いする企業との攻防、寄付を募るお願いの行脚など、つまずいて転びそうになることも幾度もあった。しかし、職員の結束は固く、迷ったことは一度もなかった。文化芸術振興財団は設立されてからまだ二年しか経ってなくて、職員みんなが新しい文化戦略を実践するのだというやる気に燃えていた。

空いている倉庫群を若者のアトリエに提供する、いわゆるアーティスト・イン・レジデンスを作ろうという夢もあった。このような施設が一つあるとさらにいろんなアーティストが集まり、ニューヨークのソーホーみたいにまちが活気づくのではないか。いろいろ調べてみたが、福岡にはまだそんな場所を提供しようという企業もなく、借りるとなると倉庫といっても広いだけに賃料は半端ではない。

でも、かの著名なデザイナーで東京芸術大学教授の日比野克彦氏曰く、「福岡の若者はとてもデザイン感覚にすぐれている」とのこと。私は、彼らにちょっと刺激と援助の手を差し伸べれば、世界に活躍できる若者がたくさん育つのにと、この夢はまだあきらめた訳ではない。

東アジアこども芸術祭

この文化芸術振興財団時代にも、また降ってわいたような大仕事があった。

市民局長としてやり残した仕事の一つに「二〇〇一年世界水泳選手権福岡大会」の開催がある。現九電工社長の橋田さんから「福岡市のために、金ばかり集めさせられた」と言われた募金の目途もつき、それぞれの競技の開催時間、開催場所もだいたい決定されていたので、役目は終わったと言えば終わっていたのだが……。これはこの開会式にまつわるお話。

東京の情報通の先輩が「ユニバーサルフォーラム」の話を持ってきてくれたのは、この開会式の少し前だった。なんでも、二〇〇四年にアテネでオリンピックが開催されるのに合わせて、同じ文化圏のバルセロナで文化のオリンピックなるものが開催されるらしい。オリンピックはそもそも文化行事も含んでいたが、あまりにもスポーツだけが肥大化したために、ユネスコがこのような文化のための事業をすることを決めたとのこと。二〇〇八年にはオリンピックは北京で開催されるので、この際同じ東アジア文化圏の福岡市が「ユニバーサルフォーラム」開催の名乗りを上げたらどうか、というもの。

いかにもありそうな話で、調べてみると、バルセロナのユニバーサルフォーラムの事務局トップは前ユネスコ事務局長のマイヨール氏。ちょうどこの水泳大会の次回開催地はバルセロナ、文化担当助役が開会式出席のために来福されるので、「その場で直接に聞いてみましょう」ということになったのだ。で、私が市長からその役目を仰せつけられ、あいさつをしてこちらの意向を伝え、以後福岡市は私が窓口となり情報収集をすることになった。

一方で、この事業はユネスコ主催だとのことだから、ユネスコの意向が大切になる。これまた都合の良いことに、現在のユネスコのトップである事務局長は山口県出身の松浦晃一郎さん。私たちは松浦さんに接触を試みた。ところが、外務省やユネスコ日本支部の方々の言に依れば、松浦さんはマイヨール氏と対立的な立場で、ユニバーサルフォーラムよりも、きな臭い東アジアの平和を願って「東アジア子ども芸術祭」を熱心に奨めておられるとのこと。「現在のユネスコとしては、来年ぜひ福岡でこれを開催して欲しい」と、反対に「東アジア子ども芸術祭」開催を要請された形になった。

この芸術祭は前年中国で開催され、今度が二回目。中国、モンゴル、韓国、朝鮮民主主義人民共和国、マカオ、それに日本の五カ国一地域の子どもたちを、それぞれの国のユネスコが責任をもって選び連れてくるので、福岡で交流をさせてほしいというものだ。市からの持ち出しも少ないし、福岡市では以前からアジア太平洋子ども会議などで子どもたちの交流の実績もある。市が反対する理由もない。「東アジア子ども芸術祭」の開催はこのようにして決定された。

松浦事務局長は何よりも北朝鮮を参加させたかった。中国の大会では参加しているし、当初日本大会でも参加予定だったのだが、半年前になって「サムリーズン」で来日できないと連絡があったときには、自らパリの北朝鮮大使館に出かけているし、ユネスコ日本代表の平山郁夫画伯に北朝鮮まで説得に行っていただいている。後にサムリーズンとは、費用の面だったと聞いた。

私たちも、この北朝鮮の参加に最も心を砕いた。なにしろ二十年ぶりの公式来日である。右翼が反対運動をするかも知れないので、あまり大々的にはPRできないのではないか？　何か不都合なことが起こった場合に備え、前もって外務省にあいさつに行った。外務省では事前に来日者の名簿を持っていて、このメンバーなら間違いは起こらないと太鼓判を押してくれた。

どの国の子どもたちも地域で受け入れていただいたが、北朝鮮の子どもたちをどこにお願いするかは慎重に考えた。結局、この問題に理解があり、少々無理も聞いてくれる市議会の石村一明議員さんと原田陽次町内会長さんがいて、私も居住している高宮校区にお願いすることにした。

しかし本当にくるかどうかはぎりぎりまで予断を許さない。ウェルカムパーティーの前々日に訪日団が北京に入ったと連絡がきたときには、みんなホッとした。前日にはモンゴルの子どもたちは普通に、中国の子どもたちは整然と、韓国、マカオの子どもたちは親も付いてきていたりして結構甘えた様子で、福岡空港に入り、宿舎の志賀島少年自然の家に到着した。やはりお国の様子はすぐに出るものだ。

そして当日、二時間遅れで北朝鮮の一行が福岡空港に入った。パーティーの進行をなるべくゆっくりして、ようやく団の紹介に間に合った。他の国の子どもたちはすっかりくつろいでいるが、北朝鮮の子どもたちはみんなやせて青白く顔がこわばっている。食事にもまったく手をつけない。これで大丈夫だろうかと気をもんだ。この子どもたちは、終わってからリハーサルのため市民会館に直行したそうだ。

平成十四年八月三日、市民会館での演技はどの国の子もすばらしかった。やはり国を代表してきているだけのことはある。それにくらべると日本の子は選抜で選ばれたチームではなかったので、少し淋しかった。しかし、なんといっても北朝鮮の子どもたちの演技のすばらしかったこと。歌も楽器も踊りもまるでプロ。会場からアンコールまで出るほどだった。とくに歌のうまかった六歳の少女のことを、私は引率の党役員に「まるで朝鮮の美空ひばりですね」と話しかけたのだが、その場はぶすっとしていた。が、次の日どこかで美空ひばりのことを調べたのだろう、えらく機嫌が良かった。この日には、遠方から親戚が駆けつけ、涙の対面を果たした子どももたちもいた。

次の日は各国別れて地域で演奏をしてもらい、交流会をもった。高宮校区では石村議員さんの知恵で、朝鮮人学校にも参加をお願いしていた。舞台が無事に終わった解放感、高宮小中学生や朝鮮人学校の生徒とのふれあい、そしてなによりも朝鮮人学校ＰＴＡのお母さん方が持ってきてくださったおいしいキムチのおかげで、北朝鮮の子たちにも食欲と笑顔が戻ってきた。最後の日の博多小学校での全体交流会は圧巻だった。各国の子どもたちに自由に感想を発表してもらったが、どの国の子も積極的に人の前に立って話をする。日本の子どもだけが譲り合ってなかなか立とうとしない。この違いは何なのだ。私は日本の子育てがどこか間違っているのではないかと感じた。

その後、博多小学校ＰＴＡの計らいで、地域の夏祭りに合流させていただいた。ゲームで北朝鮮の子が景品をつり上げた。おろおろしている。「あなたの物だから持って帰っていいのよ」と納得させるのが一苦労。納得すれば、喜んでちゃっかり景品稼ぎまくり、やっぱり子どもだ。

帰りの福岡空港は、はればれとして、ふっくらした子どもたちで賑わった。とくに北朝鮮の子どもたちの変貌はすさまじい。子どもはたった二〜三日でこんなに変わることができるのかと感無量だった。お世話したそれぞれの校区の子どもたちも見送りにきてくれて、別れを惜しんでいる。ユネスコ事務局長松浦さんの東アジアの平和への願いに一歩近づいた気がした。

あとから考えれば、この直後に当時の小泉首相が初めて訪朝している。この訪朝で日朝国交正常化交渉が再開され、拉致問題も議論の俎上に上った。その後はかばかしい進展は見られないが、すくなくともこれを契機に交渉が始められ、一部ではあるが拉致されていた方たちの第一陣の帰国へとつながったと思う。早くこの問題が全面解決されることを心から願うが、今回の芸術祭はその一歩を踏み出すのに少しは役立ったのかも知れないと、財団職員みんなでそれからの行方を見守っている。

さてユニバーサルフォーラムについては、その後バルセロナの担当の部長とメールのやりとりをして、内容のあらましや計画の進捗状況を知らせていただいていた。バルセロナはこのような大イベントを通して街の開発を計画的に行っている。次の年度には、福岡市から議員や市民局長らが視察に行った。そして、世界のいくつかの都市が次回の開催地を名乗り出る中で、いよいよ福岡市が開催を打診された。私は市長が受けられるだろうと思っていた。しかし、その時には市長の気持ちは余所に移っていた。それが、オリンピックそのものを福岡市で開催するという夢である。

「東アジア子ども芸術祭」については、その後も他の国で継続的に開催され、いままた「次回開催を福岡市で」と打診されているらしい。しかし、みんなで必死でやる気がないとできるものではないとも思う。

閑話休題

福岡市は「芸処」とよく言われる。どんたくでは市内いくつものどんたく舞台やどんたく広場で、一般の市民の方々が日頃の踊りや歌の練習の成果を、ここぞとばかりに披露する。博多座では、毎年十二月は「市民檜舞台」の月で、アマチュアのみなさんも多くの方がこの舞台を踏むことを夢見ている。あまりに出演希望が多いので、調整が大変だ。どうも博多は、観るよりも観られるのが好きな人が多いみたい。

歌手や芸能人にも、福岡出身の人は多い。タモリや森口博子、氷川きよしなんかは私と同じ福岡市立高宮中学校出身だ。その他にも、古くは梓みちよ、小松政男から、松田聖子、浜崎あゆみ、酒井法子などもそうだ。だいたい海援隊の武田鉄矢やチューリップの財津和夫、甲斐よしひろ、長渕剛などのフォークシンガーも、昔は天神の「照和」という小さなライブハウスで歌っていたのだ。劇団四季や博多座にも福岡出身のスターがたくさん出演している。このようにたくさんの人たちが中央で活躍しているにも関わらず、福岡市にはそのことについての〝記憶〟というものが薄かった。

平成十四年に、市では経済振興局が中心となって、ミュージック・シティとしてのアイデンティティを高めようと、音楽に関するポータルサイトを立ち上げた。ようやく文化が経済と結びつく時代がやってきたのだ。私もこの最初の立ち上げに関わらせていただいて、とても嬉しかった。その後毎年秋に開催される「ミュージックシティ天神」という大規模な音楽イベントに発展したことは、まことに愉快、愉快!

市はこれまでスポーツに関しては、一九九五年にユニバーシアード福岡大会を開催し、「スポーツはかるく国境を越える」として「スポーツ都市宣言」をした。その後、世界陸上、世界水泳と次々に国際大会を誘致し、成功させてきた。しかし、文化イベントに対しては少し冷淡な気がしていた。その意味でこの音楽イベントはたいへんすばらしいものであるが、欲を言えば「すぐに目に見えて経済につながってはいないが、クラシックや、演劇などのイベントにも力を注いであげていいのでは」、との気もしている。

毎年秋に「古楽音楽祭」という地味だが、古楽器などを使った国際的な音楽祭が福岡市で開催され始めて十年になる。このほどこの活動が高く評価されて、「福岡市文化活動功労賞」が主催団体に授与された。事務局長の前田明子さんのこのときのごあいさつに「市の方から、市の補助金を当てにしない活動を続けてくださいと指導していただいたので、今日の私たちの活動が強固なものになりました」とあった。これはまさに私が市民局長時代、前田さんが最初に福岡市で開催するための相談に見えた時に贈った言葉。「行政の補助は長続きしない。だから、それに甘えていたのではいつかは行き詰まる」という意味で申し上げたのだ。

私の言葉の意味を十分に分かっていただいていたのでありがたかったが、少し寂しい気もした。あまり言いたくはないが、文化行政に対する力のいれ方はお隣の北九州市の方が勝っているように思うのは、「隣の芝生」的感じ方だろうか？　もっとも、それどころか今ではスポーツの国際大会も福岡市で開催されなくなって久しいが、これではせっかく職員がこれまでの経験でつちかった国際大会開催に関するノウハウの知識も風化してしまうのではないかと、心配しているこの頃である。


話は変わるが、かつて九州山口経済連合会（今は九州経済連合会）には前田健一さんというダンディな専務理事さんがいらした。この方はアミカスの梁井さんや私を様々な会に誘い出してくださった。たんに女性社会の中だけで考えるのではなく、これまでの男性社会、経済界の考え方を知ることも大切と、いろんなことを教えてくださったのだ。いったいに女性は会議でも約束の時間ぎりぎりにくる人が多い。かつて私もそうだった。「植木さん、十五分前だよ、十五分！」と言われてじっさいそうしてみると、会社でも偉い方ほどそうしておられるのが分かった。

前田さんは、「博多券番は文化であるから、あなたがた女性もちゃんと知っておかなければいけないよ」といって、身銭を切って私たちを高級料亭に招待してくださり、いろいろな伝統的な遊びも教えてくださった。決して嫌らしいものではありません。今では「せっかくの日本文化、いまこのような博多の券番文化は十二月の『芸者をどり』で少しだけ一般市民の目に触れる機会があるだけだが、だんだんこんな遊びができなくなる人たちばかりになるのも、もったいないような気がする」と考えるのは、ちゃんと前田さんの薫陶が生きているのかな。

　女性の先輩では、クラブ「みつばち」の武富京子ママのことが忘れられない。私が行政に入った当時、東京からお客さんをお迎えすると、まずは食事でおもてなしをする。当時はバブル全盛時代で、どうもそれだけでは気の毒なような気がする場合もあった。その時は「みつばち」にお連れした。もちろんこれは公費で支出できない。私の身銭だ。ママはそのことを良くご存知だったから、カウンター席に座らせてくれて、学割料金でもてなしてくれた。カウンター席といっても造作や調度品には気合いが入っていて、とても豪華な気分になれる。そして有名なママが一緒に話に入ってくれるのだから、お客さんとしては第一級のもてなしを受けた気になるだろう。

　京子ママのお葬式の時に、もう一方の巨頭「薊」の大山幸子ママにそんな思い出話をしていたら、「そんならこれからうちにいらっしゃい。学割料金にしてあげるから」と言ってくれた。しかしその時にはバブルははじけ、あまりご接待する必要もなくなっていたので、とうとう行きそびれた。「みつばち」も「薊」も福岡を代表するクラブ、当時、福岡を訪れた経済人、文化人は必ず顔を出していた所だ。

このようにして、私は古き（?）良き先輩たちに可愛がっていただき、育てていただいた。いま、私は同年輩の仲間とこのような文化を訪ねる趣味の会を持っている。まだまだ私自身はお稽古をする時間もないが、邦楽のすばらしさなども理解できるようになった。最近、財界の方たちが中心となって博多座で「名士劇」を興行されたが、経済界もこのようなゆとりが必要だと思う。「この世界恐慌の折りに?」と疑問をもたれる方もあるかもしれないが、こういう時代だからこそ、ちょっと立ち止まって先人たちの想いの中に遊ぶのも面白い。きっとリフレッシュされて、より大きな視野で物事を考えるよすがになることと思う。

ごみとお宝　環境局長【平成十五――十六年】

なんで私がごみなのよ！

「なんで、私がごみなのよ！」

電話口で、思わず怒鳴ってしまった。

またまた三月の半ば、情報通で知られている環境局の山田隆光部長からの電話。私の剣幕にあわてて、「どうも違うらしいぜ」と横の誰かに言っている声が聞こえる。

市長から、すれ違いざま「植木を頼むよ」と言われ、てっきり植木が自分の上司にくるものと考えたとのこと。そんな経緯を聞けば私にもピンとくるものがあり、かつて私の部下だった池下雄規市長室長に電話をした。

「私が環境局長といううわさは本当なの？」

彼は「エエ、マア」と言葉を濁す。市長室長といえば市長の側近中の側近、人事を決める時も側にいる訳だから知らぬはずがない。といってぺらぺらしゃべる訳にはいかない。その彼が即座に否定をしなかったのだから、これは「当たり」と考えて間違いない。

「環境局長にだけはなりたくないなあ」、私が市民局長の時、議場で横に座っている当時の環境局長が、新清掃工場建設問題や産業廃棄物処理業者の利権がらみのことで、議員からいつもメチャメチャやられていたのを見ていて、心からそう思っていた。

「その役目を私にやれと?」私は意地悪をされているのだと思った。

「いまや私は福岡の文化を守護しようと必死なのよ!」

その日の夕方、財団の課長を誘って飲んで管巻《くだま》いているうちに、どうしたことかだんだんと新しい職への希望が膨らんできたのだ。

「そういえば私が大学教官だった頃は、学生と環境問題に取り組んでいたんだわ」

「あの頃は、オゾンホール、酸性雨、CO_2問題のハシリだったのよね」

「私たちが何をするべきか、何ができるのか、いろんな議論をしたのよ」

話しているうちに、環境局の仕事への意欲がムラムラと起こってきた。

辞令をもらった直後、市長室に呼ばれた。

「有料化、お願いします」

実は、市長のこの気持ちについては、私の環境局長という新聞辞令があったその朝、北九州市の岡田助役から電話をもらっていた。

「市長の意図が分かりますか?」

「人工島に関することでしょうか?」

当時、人工島の「けやき庭石事件」のまっただ中にあった。

「違います。きっと家庭ごみの有料化のことでしょう」

福岡市が、家庭ごみを有料化したいという意志を持っていることは、他の都市でも知っていて、うまくいくかどうか注視しているところだったのだ。

ごみの処理は公がすることで、税金で賄われているとみんな思っている。それにすでに家庭ごみは分別のために有料の袋に入れて出すことを求められている。この上、「処理費用を個人が負担せよ」と、どういえば納得してもらえるだろう。

その日、「二メートル先の針の穴に糸を通すように、難しいことです」とご返事して、市長室を辞した。

当日の新聞記事には、「福岡市の環境施策については、ハード部分の整備は一段落したので、今後ソフト部門の充実が期待されている」と述べられている。まさにその通りだと思った。

四月一日の着任の日、これも新聞朝刊に「民間のNGOが主催する第二回日本の環境首都コンテストで、福岡市が第一位になった」と小さな記事が掲載された。なかなか幸先がよろしい。

環境首都というのは、国際的にはドイツのフライブルク市が有名。ここは太陽光や風力などの自然エネルギーの利用、電車による交通システムの構築、自動車乗り入れの制限など、環境保護のために先進的な取り組みをしていることで、世界的に高い評価を得ている。それに習ってわが国でも、自治体が環境保護推進のためにどのような取り組みをしているかを、民間の団体がいろいろな指標に照らして点数化し、評価しているのである。日本の第一回目の一位は名古屋市。名古屋市は家庭ごみの徹底的な分別をして、消却処分する量を大きく減らしたことが評価された。

福岡市は、各校区の自治会が自主的に主催する廃品回収によるごみ減量化の取り組みとか、清掃活動による環境美化運動、とりわけある市民団体が始めていまや市民総ぐるみの取り組みになった、ラブアース・クリーンアップ作戦が評価されたとのこと。

そうなんです、福岡市は市民の自主的な活動がとても盛んなのです。

原則として毎年六月の第二日曜日には市民総出で、山や川、とくに海岸線を清掃する。今では福岡発のこの運動が石川県や北海道など日本海側の都市のあちこちに広がり、またお隣の韓国釜山広域市も参加するようになっている。ラブアース・クリーンアップ作戦は、市民の発案で市民主体で行われ、参加者数は二百万人にも上るといわれている。素晴らしいことではありませんか。

環境施策というと、わが国では北九州市が工場排水による洞海湾の汚染や、工場の煙突からの七色の煙による空気汚染を克服したり、リサイクルを中心としたエコタウン事業で、かなり先進的な取り組みをしている。私も環境局長を拝命して、まず北九州市の取り組みの実態を勉強しに行ったほどだ。ここを差し置いて、一足先に市民の活動により一等賞をいただいたのは、少し申し訳ない気がした。もっとも北九州市もその二〜三年後には見事一等賞を獲得されたので、安心した。

さて、これまでの仕事でもだいたいそうだったが、今度の環境局長という職にも女性が就くのは国内では初めて。環境省や国内の様々な会議に行っても珍しがられて、けっこうちやほやされた。もっとも国レベルではすでに川口順子さんが環境大臣を務められ、かの有名な地球温暖化防止京都会議ＣＯＰ３を主催されたし、私が環境局長を拝命した半年後には小池百合子さんが第二次小泉内閣で環境大臣に就任された。就任後すぐに全国の環境局長が集められた会議であいさつをされたが、ペーパーも見ずにどうどうと立派なお話しをされたのには、「さすが大臣となる方はすごいものだ」と心から感心した。

そんなわけで、環境というと従来型のごみ処理ではなく、地球温暖化対策の方に徐々にシフトし始めている時代だった。

ある著名な方が私に、「あなたはいつも花形の仕事をしているね」と言われたが、本当にそうだったのだと、今になって、市役所に職をいただいたことを心からありがたく思っている。

ちなみに平成二十一年度、福岡市環境局ごみ対策部は、循環型社会推進部と名称を改めている。

家庭ごみ有料化への道

「有料化お願いします」と言われたものの、はたしてどの程度可能性があるものなのか。局の仕事のヒアリングでの環境都市推進部長の説明では、何もかも整って今すぐにでも実施できそうな勢いである。しかし前任の局長たちに聞くと、これはまだまだアブナイ話だという。

環境局には総務部、環境都市推進部のほかにごみ対策部、施設部、保健環境研究所の三部があり、いずれも密接な関係をもって仕事をしている。通常の局議は局長と五部長で行うが、私はこれに加えて、月に一回は拡大局議として二十人余の課長も出席させ、環境局全体の意思疎通を図りやすいようにした。

有料化は一つの部だけでできるものではない。部を越えて、環境局が一体となって取り組まなければならないビッグプロジェクトである。そこで私はこの拡大局議にはかり、課長一人ひとりの意見を聞いた。結果は半々、半数は必要、しかし半数は必要だが無理というものだった。必要であるならば、その無理な一つひとつを克服してでもやらなければなるまいと思った。

内部の意思統一も困難だったが、外部はより難しかった。財政局は有料化による歳入を当て込んで、できれば何とかして欲しいと思っているが、総務局ははなっから荒唐無稽の話という。また議員の意見もまちまちで、応援してくれる人もあれば、ある議員には「貴様、有料化などして市長の次の選挙を邪魔する気か！」と怒鳴られた。

また他の政令市も本当は有料化をしたいのだが、市民の反発が厳しいだろうという中で、福岡市の推移を見守るという姿勢。全国の政令市の環境局長が集まる会議で、毎回のようにいろいろ聞かれ、関心の高さが伺われた。

救いだったのは、環境問題に敏感で、とくにごみの減量化に熱心な人ほど、この家庭ごみ処理の有料化に賛成だったこと。有識者からなる環境問題審議会では早くに家庭ごみの有料化が打ち出されていた。一般市民の方でも、たとえば私が通っている美容室の美容師さんなども有料化賛成派で、いつも力強いエールをいただいた。

さてどんなふうに進めるか？

まずは家庭ごみの実態把握からだ。福岡市では、家庭ごみは夜、基本的に各家の前の道路上に出しておいたものを、夜間から明け方に収集する。家庭ごみ収集業者は民間十三と行政一の十四社であり、収集車は約一五〇台ある。いずれも夜一時くらいに会社を出発し、決められたルートと四カ所ある清掃工場との間を三〜四往復して、明け方五時くらいに社に戻る。私たちはこの収集車に同行した。

夜中零時集合、複数の収集車にお願いし、私たちは役所の軽自動車に分乗して収集車の後を付いていく。この経験から、ごみの状況は地域によってずいぶん違うということを発見した。やはり大きい家では一般的にごみの量も多い。普通は一軒で一袋なのだが、広い家が多い地域では一軒で平均二〜三袋、他方つつましく少量の家もあるかと思えば、五袋も出している家もある。アパートやマンションでは集積所があるので誰が出したか分からないのだが、一つひとつがきっちり出されているところでは、全体として清潔できちんとしている。反対にワンルームマンションなど単身者が多いところでは、ごみは少ないはずなのに乱雑で散らかっているところもあり、清掃車の作業員が竹箒で掃除までしている。

とまあ、いろいろ分かったのだが、共通しているのはどれも袋の中は、紙のごみが約三分の二を占めているということだ。

これらのごみをパッカー車が潰して、そうとう詰め込んで清掃工場に運んでいく。清掃工場にはあかあかと電灯がともり、各社のパッカー車がひっきりなしにごみを積んできては空にして出て行く。これを三回ほど繰り返して、明け方にはこちらもフラフラだ。

帰るとき、「ごみジュースを浴びているから臭いますよ」と注意された。私たちもずいぶん注意をしていたのだが、パッカー車がごみを潰す時にしぶきが飛び散るのだろう。お風呂に入って身体中洗い、洗髪もして、さっき着ていた服を臭うと本当にくさい。このようにして従業員は帰ってくるとまず車を洗い、風呂に入る、ここまでが仕事だ。

ごみを有料化するとしても、市民に新たな負担はできるだけかけたくない。そこでまず、紙類は資源として有効活用する手だてを作り、捨てて消却される家庭ごみから除くこと。これをきちんと実行すると家庭のごみは三分の一程度に減らすことができる。またこのようにして日頃からごみ減量のために頑張っている人と、漫然とごみを出している人とは区別してもいい。つまり紙のリサイクルシス

テムとごみ袋の大きさによる料金システムを作れば、なんとか皆さんに納得していただけるかもしれないと思った。

紙のリサイクルはどうするか。いくつかの校区では集団回収の組織があって活動も活発になされていた。でもマンションなど収納場所が少ない家庭では、せめて週一回くらいのペースで新聞、雑誌、箱その他の紙類の整理をしてしまいたい。

私は以前女性部長の時開催した「国際女性フォーラム」で、ドイツに派遣された市民リポーターが、毎週日曜日の公園でごみのリサイクル分別を、レクリエーションのように楽しくやっている風景を紹介していたのを思い出した。紙のリサイクルステーションを公園に作って、これを中心に地域のコミュニケーションが弾まないか？　このような構想を市長にぶつけてみた。

市長の反応は素早かった。それどころかより積極的に、この紙リサイクル事業を「コミュニティビジネスになるように」との指示も受けた。また、まずこの紙リサイクルステーションを整備してから有料化を実施しようという順序も明確に示された。

さあ忙しくなった。リサイクルステーションをどれくらい設置するか、どのような建物にするか、どこに置くのか、管理運営をどこに任せるのか、コミュニティビジネスにするためにはどんな仕組みにすればよいのか。すべて有料化の実施前に軌道に乗せておかなければならない。

リサイクルステーションは基本的に小学校区に一つずつ置くことにした。福岡市は小学校区に一つずつ公民館があって、これが住民自治の基礎になっている。コミュニティビジネスにするには、この単位の中のどこかにお願いするのがやり易いだろうし、子どもが通える距離であるならば、大人が紙ごみを運ぶこともそう苦にはなるまいと考えた。

担当者は当初、既存のスチールの物置の案を持ってきたが、これはNGにした。みんなが楽しく集まるシンボル的なものでなければならない。いろんな方の知恵と援助のお陰で、〝R〟の字を屋根の前面に掲げた蛇腹式の、ちょっとおしゃれな建物を安く仕入れることができるようになった。それも地域の要望に合わせて、大きさも色も三通りずつ選ぶことができる。

このステーションを中心に、木陰やパラソルの下にいすを置いて、紙ごみを持ってきた近所の人たちの井戸端会議に花が咲く、そんな風景を描いたVTRを制作した。もちろん家庭での紙ごみの分別の仕方の説明がメインの目的ではあるが。一般にはよく知られていないが、新聞紙や雑誌、包み紙、段ボール以外にも、紙パック、ダイレクトメール、封筒などでも名刺以上の大きさであれば再生可能で、リサイクルの対象になる。このVTRを持って各地域に出かけ、ステーションの管理運営の依頼をして回ることにした。

場所は小学校か公民館の側か、いずれも困難な場合には公園か、どこにするかを地域で決めてもらう。まずそれぞれの所管をしている教育委員会や市民局や都市整備局にお願いに回った。

しかし同じ市役所の中でも、協力してくれる度合いはいろいろ、はじめは冷たい反応をしたところもあったが、最終的にはみんなオーケーしてくれた。ビジネスにするためには、紙類の買い手を確保しなければならない。ちょうどお隣の中国がオリンピックや国際博覧会の開催のために好景気が続き、紙がいくらでも必要な状況で、古紙の市場も大きかった。この市場に参入することができたのは幸いだった。しかしこれまでの廃品回収グループにも配慮しなければならないので、市の買い取り価格についてはかなり神経を使った。

基本的には毎週土曜と日曜の九時から五時まで開けることを、管理運営する団体にはお願いしている。自治会やPTAなどが受託しているケースが多いようだが、活発なところでは年間一五〇万円くらいにはなるということで、それぞれの団体の貴重な収入源になっていると聞く。

次は料金システムの問題である。量に応じて月いくらという契約もあるが、やはりこれまでと同様に袋を有料で買っていただくのが一番やり易い。また努力した人としなかった人と同じというのも申し訳がない。そこで、ごみの袋も三通り作ることにした。これまでは四五リットルの袋しかなかったのだが、これに一五リットルと三〇リットルの袋を加えた。それぞれ十五円、三十円、四十五円の処理料金をいただく。四五リットルだった方も、紙ごみをきちんと減らせば、一五リットルになる。十五円であれば、これまでの袋代とあまり差がないので、抵抗も少ないのではないか。

これと合わせて、有料化により入る収入で「環境市民ファンド」を作り、環境に関する市民活動に助成することも可能にした。

このような事前の準備を経て、さらに分かり易い資料を作って、環境局総動員態勢ですべての校区に説明に入った。いろいろな機会を捉えて、全課長係長が説明者になった。もちろんこの時までには、環境局の人間はすべて家庭ごみ有料化を推進することで意思統一ができており、一体となってこのビッグプロジェクトにあたる態勢は整っていた。この説明会は大小合わせて五百回くらいにはなっているので、少なくとも一校区三回は行っている計算になる。

私も何回か説明会に行った。

市民の方から「局長は生ごみはどうしているのか」と質問された。私は「なるべく全部食べて、残さないようにしています」とお答えした。それ以来、外食する時でも、出された物は決して残さないように気をつけている。

家庭ごみの有料化は、私が環境局を去って半年後に議会で賛成多数で可決された。今でもあちこちの学校や公民館の側に紙リサイクルステーションが設置されているのを見ると、誇らしい気持ちになる。もちろん家庭ごみの減量効果も認められ、その後も減量は続いているそうだ。

環境版「福岡市のお宝」

前の項で家庭ごみの夜間収集について述べたが、福岡市民の方は案外これがよその都市にはない制度だということをご存じない。よそからこられた方は、驚きそして感心する。朝の忙しい時間にごみ出しに行かなくてすむし、寝る前に出していたごみが朝起きてみるときれいに片付けられているのである。街はすがすがしく朝を迎えられる。よその都市ではカラスの被害に悩んでいるところもあると聞くが、福岡にはそのような問題はまったくない。

さらに基本的に自分の家の前まで取りにきてくれるのである。どこかごみの集積所に持って行く必要もない。集積所方式はごみを収集するには便利ではあるが、誰が出したごみか分からないので無責任になりがちである。それを防ぐためには、番をする人が必要になる。また集積所の付近の住民は、ごみの散乱などに悩まされたり、臭いもあるしで、あまり良い気持ちはしないだろう。

自分の家の前に出すということは、その出した物に対して各自が責任を持つということでもある。しかし収集車はあらゆる路地まで入って行かなければならないので、そのルート編成は大変な作業であり、その街に精通した者でなければ難しい。一方、収集車が活動するのは夜間なので他の車の邪魔になることもなく、また渋滞にも巻き込まれず、効率よく仕事が進められる。

このような夜間収集の形になったのには、福岡市なりの歴史がある。もともと農業をしていた方々にご近所での収集をお願いしていたので、彼らは農作業の前に一仕事すませていたのだ。いま、全国的に「公務員を削減せよ」などと声高に言われているが、福岡市では以前から「民間でできるものは民間で」という考え方で、この家庭ごみ収集も民間委託であるし、他に保育所の経営なども全国に先駆けて民間にお願いしている。で、かなりユニークなことや思いきったことがやれて、これもよその都市からうらやましがられていることの一つである。ごみの夜間収集は民間委託の賜物なのだ。

このように評価されている反面、よそから転勤などで福岡市にこられた方々からは、「福岡市のごみの分別は緩くて、環境に配慮していない」とお叱りを受けることがある。福岡市では、家庭ごみは燃えるごみ、燃えないごみ、ビン・ペットボトル、粗大ごみの四分別、それに紙類を分別し始めただけだ。よその自治体では十八分別や十九分別をお願いしているところもあると聞く。

理由の一つには夜中の収集で誰も見張りもしていないし、見分けも付けにくいということもある。しかし大きな理由は工場を見ていただきたい。清掃工場には燃えないごみの中から、アルミ缶とスチール缶とを分別して取り出す機械がある。もちろんビンとペットボトルもそれぞれ機械で分けて再生利用に回している。つまり機械で簡単にできることまで、市民の手を煩わさないという配慮なのだ。

分別とは関係ないが、ここでこの夜間収集車についてもうすこしアピールをしておこう。「せっかく夜間に活動しているのだから、もう少し市民のお役に立ちたい」という申し出があったので、県警と協議して各車に防犯ステッカーを貼ってもらい、不審者や事故、事件を見かけたときにはいち早く通報していただくようになった。このおかげで、夜中、早朝の火事などの早期発見にもずいぶん役立っていると聞いている。

このごみ収集の民間委託については、委託先が固定化されており自由競争にはなっていないという批判がある。私も当初そう思っていたが、いろいろ研究してみると、このようなシビアな仕事の場合、自由競争にさらすことがそれほど良いことかどうか、もっと考えなければならないことがあると、今では感じている

さて、環境編「福岡のお宝」の第二には、これも一般には知られていない「福岡方式」と呼ばれるごみの埋め立て方式を挙げよう。これは正式には「準好気性埋め立て構造」というもの

で、埋め立ての底の部分に排水管を設置することで、腐ったごみから出る汚水を早く取り除き、反対にそこに空気が入ることにより埋め立てられた廃棄物の中に酸素が送り込まれ、有機物の分解が早くなるというものである。このことにより二酸化炭素の二十一倍も温室効果があるといわれるメタンガスの発生が抑制され、さらに汚水が地下水を汚染することもなくなるという、地球環境の保全のためには大変役立つすぐれもの。

昭和五十（一九七五）年に、福岡大学と福岡市の共同研究で実用化されたので「福岡方式」と呼ばれるようになった。わが国では今ではほとんどこの方式が採用されている。

日本ではごみは焼却され灰になるが、これでも相当量になるのでどこかに埋め立てなければならない。この場所を探すのは大変な苦労であり、ときに反対運動が起こったりする。しかし現場はというと、まず整然と排水管が敷設され、焼却灰が乗せられるとすかさずきれいな土をかけて行き、まるで広大な住宅地を造成しているような景色である。現に昔の埋め立て地で現在立派な住宅地になっているところもある。

他の国では基本的にごみは焼却もしないでそのまま埋められる。ヨーロッパなどの環境問題の発端は、このごみによる地下水の汚染であったと聞く。さらにこのごみの埋め立て場の不足も深刻な問題で、つい先頃イタリアのミラノで行き場のなくなったごみが街中にあふれたというニュースは記憶に新しい。

どの国もこのごみの埋め立て場の問題には悩まされていた。そこにこの「福岡方式」が脚光を浴びた。とくに焼却していない生ごみの埋め立てにも有効であり、また高価な設備も必要としないことから開発途上国での人気は抜群。いまでは中国、マレーシア、タイ、カンボジアなどの東南アジア、イラン、パキスタンなどの中東をはじめアフリカ、南アメリカなどでも採用されつつあり、このための研修生がＪＩＣＡを通じて福岡にきている。またサモアには福岡市の職員を派遣して直接に埋め立て場建設の指導に当たっている。

私も環境局長の時にお隣の中国からこの「福岡方式」に関する技術移転の要請を受け、かの有名な精華大学で福岡大学松藤康司教授とともに、中国における「福岡方式」共同開発の調印式を行った。大学内の迎賓館はたいそう時代がかった物で国宝級であるらしく、そこでの調印式には中国のメディアも取材にきていた。次の日にはクリントン前アメリカ大統領が別件でそこを訪れたという。そんな場所での調印式である。そのくらい中国にとっては重要な案件だったのであろう。

私はことあるごとに環境問題における「福岡方式」のこの貢献を、国レベルのものとして、もっとアピールするべきだと言ってきたのだが、みんな遠慮深いのかそこまで自慢しようとしない。もっともその後、環太平洋会議でサモアでの取組みがこちらの知らない間にＶＴＲで広く紹介され、感謝されていたのを知った。その後また多くの国から援助要請がきている。やはり良い物は黙っていても広がるのかな。

環境における「福岡市のお宝」はまだまだある。

よその国ではごみ処理と合わせて水道、下水道施策も含めて環境施策とするところも多い。中国なんかは水不足が深刻で、広州市では汚水を浄化して飲料水にまで循環させることができないかと、本気で検討している。私が訪問したときには、環境局長は私の目の前で実際その水を飲んで見せた。まさにこれこそ循環型社会システムの構築である。

このことからいえば、福岡市の節水率は日本一、また水道管の漏水もきわめて少ない。福岡市は過去数回深刻な水不足を経験し、水に対してはとても関心が高い。水道の蛇口にはどの家庭も節水こまをつけて、余分な水が出ないようにしている。また、都市部では大きなビルはトイレなどには再生水を利用することが義務づけられている。水はこれ以上は節約できないというほど、大切に使われている。

ごみは前述したように少し甘いかもしれないが、リデュース（発生抑制）、リユース（再使用）、リサイクル（再生利用）に心がけるよう各自治会に呼びかけて、ごみ減量に努めている。自治会は紙リサイクルステーションなどを運営しながら、実益も得ている。そのお金で自治会の親睦会をしているところもある。

清掃工場では単にごみを燃やすだけではなく、その時発生した熱をエネルギーに変えて再生利用している。これまでも余熱で温浴施設を作り市民の方々に利用していただいたり、タービンを回して発電し余った電力を売っていた。しかし平成十二年には東部清掃工場の老朽化に伴い、新しく福岡市と九州電力とが共同出資して、株式会社福岡クリーンエナジーを設立し新工場を建設、十七年から本格的にごみによる発電をし、作られた電力を九州電力に売っている。

また下水道は、何回も濾過され微生物処理されてさらに消毒された水が博多湾に流され、残った汚泥は消却されて肥料などになる。そしてこのような福岡市の循環型システムを、中国広州市は勉強にきているのである。

もちろんまだまだ工夫、開発しなければならないことはたくさんある。もっともっと緑を増やし、風の道を作りヒートアイランド現象をなくす、できるだけ人工のエネルギーに頼らないような、暑さ寒さに強い建物・まちづくり、自家用車の使用を減らすため、利用し易い公共交通機関や自転車道を整備する、風力や太陽光などの積極的な利用促進等々、公は急いで実行しなければならない。とともに市民の一人ひとりが無駄を省く生活を心がけなければならない。でも福岡市ではきっとできるはず。この市民の力で「環境推進都市」として表彰されたのだもの。実はこの市民の力こそが福岡市の一番の宝なのである

環境版福岡市のお宝としてもう一つ付け加えるなら、私は迷わず「福岡市の豊かな自然」を

挙げる。三方を山に囲まれ、眼前は博多湾。この豊かな自然には、クロツラヘラサギ、カブトガニなど世界でも珍しい生物が棲息している。このすばらしい自然のお陰で、私たちは新鮮でおいしい食べ物を口にできるし、心も体も癒される。この豊かな緑を意味のない開発で減らしてはいけないし、博多湾をこれ以上汚してはいけない。むしろ積極的に守り、浄化するために、もっともっとこの福岡市のお宝を知り、誇りを持つ必要があると思う。

声は低く「ナメンナヨ」

これまで述べてきたように、環境の仕事はとても先進的で観念的なところと、それを支えるための実生活の一番根っこの泥臭い部分を併せ持っている。それでも、環境に関しては今では何が正しいかの答えがおおかた一致しているので、利害関係が絡まない限り仕事はやりやすい。

環境省もその意味でとても興味深かった。ここは三十年前に環境庁として設置されたのだが、平成十三年に省に格上げされ、比較的新しい組織といって差し支えない。旧厚生省出身の方が多かったが、経済産業省からの出向の方や地方の行政組織から入ってそのまま環境省の幹部になった方もいらっしゃる。また、環境問題というと以前は革新的な捉え方をされていたこともあってか、むかし学生運動をしていたという幹部の方もいらっしゃる。それで、全体的にとても開放的な雰囲気があり、敷居も低かった。

官僚のみなさんの一人ひとりが「地域と一緒に仕事をしなければ」という気概に燃えていたようにも思う。やはり環境問題対策の草創期だったのだろう。政令指定都市の環境局長もよく本省の会議に呼び出され、その後はだいたい簡単な懇親会があった。そんなこともあって、政令市全体の横のつながりも密だった。


福岡市の環境局も、例の「家庭ごみ有料化」のビッグ・プロジェクトもあり、全体がよくまとまっていた。何かあるとすぐに飲みごとになる。男性ばかりでなく女性もよく飲む。「手酌の会」という環境局女性ばかりの飲み会があり、私が局長になるとすぐに会長にさせられた。私も弱い方ではないので快くその職責を引き受けて、会に臨んだ。きれいな（？）女性たち二十人くらいが集まって飲み食いするのだが、しばらくすると周りの女性たちの方が杯を空けるピッチが早く、どう考えても私の二倍は強いことが分かった。私はその場で会長を辞して、顧問に格下げしてもらった。ＯＢを含めてこんな会を今でも毎年続けている。ちなみに男性群には「お酌の会」というのもある。

なぜみんなこんなに飲むのか？　それはやはり環境局という仕事の性格上の理由もあると思っている。

環境局には大きな清掃工場いわゆるごみの焼却場が四つ、その最終処分場つまり焼却灰の埋め立て場が二つ、そのほかに廃棄物の収集・運搬をする事業所が二つ、し尿の中間処理をする施設が二つなどと、廃棄物の処理に関わる現場がたくさんある。当然そこで働く現業の職員も多い。かなり辛い仕事もしてもらっている。このような方たちと本音で付き合うためにはやはりお酒を媒介にするのがもっとも早道だ。

現場に視察に行ったその夜には、かならずその現場事務所でモツ鍋を囲む。モツ鍋はそれぞれの現場で作り方も味も違う。はじめはモツが苦手だった私もすっかりはまってしまい、楽しく懇談をしたものだ。現業の人たちの心根の優しいことも分かったし、また、モツ鍋も本当にいろいろあることも分かった。そこには男も女もない、あるのは心意気だけだ。私に限らず、そのような心意気のある女性もたくさんいるのだ。

しかし公務員の不祥事が続き、綱紀粛正のため職場での飲みごとが全くできなくなり、このモツ会も中止になった。このことはすこし残念な気がしている。

環境局で人間の関係で注意しなければならないのは、様々な業者との付き合いである。私はこれまでいわゆるソフト系の畑を歩いてきたので、箱物を造るというプロジェクトがない限りはあまり業者さんとのお付き合いもなかった。

しかしこの環境局は、清掃工場を建設するには多額の費用がかかり、またそのなかのプラントの維持管理費も相当なものだ。そして古くなれば必ず立て替えねばならない。で、プラント屋さんとのお付き合いも必ずある。この仕事をして初めて、重工という字の付く会社がどんな仕事をしているのかが具体的に分かった。この重工関係の会社が国レベルのものから地方レベルのものまで、じつにたくさんある。この間に贈収賄などの問題が生じないように常に身ぎれいにしておかなければならない。

ごみの収集・運搬のために、家庭ごみは民間の十三業者に委託をし、また事業系ごみは同じく民間の他の十三業者に許可を出して、従事していただいている。この二十六業者に限っていることについてはいろいろ異論もあるが、今のところ仕事内容の一定のレベルを維持するために、厳しく制限をかけている状況である。市は、市民の方にすこしでも疑問を持たれないように、収集の仕方から委託料の額まで厳重に監督していかなければならないと肝に銘じている。

一番大変なのが産業廃棄物取り扱い業者だと思う。業者の中のほんの一部ではあるかもしれないが、ちょっと危ない方もいらっしゃる。産業廃棄物の処理は今のところ民間に任せているのであるが、きっちりすると費用がかかるので、法令通りにしないお行儀の悪い業者がたまにいる。集める時に費用をもらい、廃棄物処分場に運び込む時にしかるべき手数料を払わなければならないのだが、ひどいのは手数料を払わなくてすむように、集めるだけ集めて山間部などに不法投棄するのだ。また民間の経営になる廃棄物処分場も、基準通りの処分をせず、周囲に公害を垂れ流す者もいる。

　この人たちにはきっちり指導をしなければならない。市は産廃業者に指導を徹底するために営業許可を与え、この許可がないと仕事はできないことになっている。無許可業者は厳しく取り締まる。許可業者も指導に従わない場合は、もっとも重い処分として許可の取り消しをする。許可取り消しは仕事を取り上げられる訳であるから、会社に取っては死刑にも等しい。

　ある業者が局長に会いたいと言ってきた。普通は前の段階で屈強の男たちが裁く、なんだか普通とはちょっと違う雰囲気だけれど。でもその時はどうしても私が出なければならない状況になっていた。

　会うなりその業者は手を拡げて言った。

「私はずっと市に貢献してきた。こんなに感謝状もある。それに、ホラ、指が全部あるでしょう」

　私は、低い声をいっそう低くして、

「でも、あなたの後ろにそうでない方もいらっしゃるんでしょう。今回は私たちの指示におとなしく従った方がよろしいですよ。会社

をきれいにして、人様から後ろ指を指されないようにして、出直していらっしゃい。でないともっとひどいことになるんではないでしょうかね」

おとみさんもこんなことに少しは慣れてきたみたい。

このような場面はけっこう多く、また議会答弁も厳しい内容が多かった。それで、私は普段から声を低くして、すこし強面を気取っていた。この間、唯一私の取り柄であった「笑顔」の出る幕が極端に少なくなっていたと思う。でも私は、自分の違う面を発見したようで、いままでは面白い経験をさせていただいたと感謝している。

ドイツごみの旅

議会での議員さんたちの質問の中に「ドイツでは…○○…」というのがよくあった。しかし、環境局のだれも実際にドイツに行った者はいない。答弁では「はあ、そうですか」とお聞き置きするほかなかった。

そんなとき、九州大学でドイツ語を教えておられた根本道也名誉教授から、「ドイツに環境の勉強に行きませんか?」とのお誘いがあった。とても環境問題に熱心な先生で、毎年学生さんを語学研修のために連れて行っておられたのだが、「ぜひ福岡の行政の人たちにも、このドイツのすばらしい環境行政を見て欲しい」と言われる。先生の教え子もドイツ全土にいらっしゃるので通訳には困らない、また先生ご自身の案内だからとても安価で、しかもきちんとした視察ができるという。

とても魅力的なお話だが、しかしこのご時世、公的な費用が出るはずもない。どうしたものか、私は考えあぐねていた。

「小金を持った者に声をかけてみまっしょ」

心強いことを言ってくれたのは、十カ月前市長に「植木をよろしく」と言われ、私に電話をかけてきた山田総務部長。

おかげで環境局内で八人、議員さんサイドで四人、先生とそのお弟子さんも入れて総勢十四人のドイツ視察団がにわかに出来上がった。集まったメンバーは小金を持っているかどうかは別として、環境局を背負っているような中枢の面々、やはりみんな環境行政に熱心に取り組もうとしている真面目な職員たちだ。

さっそく翌年の一月から毎月一回ドイツに関する勉強会が開催された。ドイツの地理、歴史、文化、建築様式、簡単なあいさつなど、終業後三々五々集まる素人の私たちに、根本教授はたくさんの資料を用意して懇切丁寧に教えてくださった。

みんな自分の年休をとって行くので、日程は五月の連休を利用することに決まった。また自費参加のためできるだけ安い費用でとの要望に応えて、韓国の航空会社を利用することにした。

このとき初めて知ったのだが、韓国にはゴールデンウィークがないので、日本の航空会社のように、その時期料金が跳ね上がることはない。また七日間有効のユーレイロパスを買って、ドイツ国内の移動はすべてそれで賄う。ホテルは民宿みたいなB&B、つまり宿泊と朝食だけ。結局十三日間の旅行で、二十万円ちょっとの出費だったように記憶している。これらすべては根本教授が計画を立てて、交渉をしてくれたおかげだ。

出発の日はゴールデンウィークの初日、福岡空港の混雑は大変なものだった。韓国のインチョンで乗り換えて一夜明ければフランクフルト到着。ドイツの街はライラックの花盛りだ。そのまま列車に乗りミュンヘンに直行する。しかしわれわれ視察団の一行は、その道すがら街角でも、駅構内でもごみ箱を見かけると、カメラを向けたり中を覗き込んだり。ドイツの人が見とがめて何をしているのか聞いてくる。「私たちはドイツの環境対策を勉強しにきたのです」というと、あきれ顔で「環境対策は日本の方が進んでいるでしょうに」と言われた。ごみ箱の中が、その目的通りには分別されていなかったのは、日本とあまり変わりなかった。

ミュンヘンではまずドイツに慣れることが目的だ。すてきな時計台を持つ市庁舎を中心に高さのそろえられた街並み、一日中歩行者天国のマリエン広場、青空バザールなどを案内してもらい、あとは自由行動、夕食のための集合時間だけが決められる。

私はもっとも欲張りコース、たとえ駆け足でも見れる物は全部見ておこうという構えだ。まず、郊外だがダッハウまで足を伸ばすことにした。レールバスで三十分くらい。ここは第二次大戦中最初に設けられたユダヤ人強制収容所である。これを手本にのちにアウシュビッツなどが作られた。建物はそのままに残され、多くの人が収容されて悲惨な日々を送った状況が否応なく伝わる。また強制労働や人体実験の実態などが模型や写真で説明されている。ちょうど雨模様だったこともあり、身も心もすっかり寒くなった。でも、私たちはこのことから目をそらしてはいけないのだ。

再びレールバスで戻ったところで、つぎは宮殿を見学し、その豪華さと周りの水と緑の美しさに感激した。それから美術館、さすがにいずれも美術書で見たことのあるような重厚な作品群に圧倒される。くたびれ果ててたどり着いた夕食会場、ビールとソーセージのおいしかったこと。

だいたいはこれでオーケーなのだが、そこはごみ視察の旅。ごみについて厳しくチェックすると、道にはポイ捨てのタバコの吸い殻やガムの包み紙などのごみが散乱していたり、また古くなって塗装のはげた大きな分別用ごみ箱がやけに目立って、せっかくの街の景観を壊していたりと、すこし残念なところも残ったミュンヘンの自由時間だった。

つぎはいよいよフライブルグ、世界に名だたる環境都市である。

列車でフライブルグの駅に着くと、同じ構内で市内用の路面電車に乗り換えて旧市街にあるホテルに向かう。荷物を置くとすぐに街の見学に飛び出す。街の中心にゴシック建築の素晴らしい大聖堂があり、これより高い建物は作られていないのでどこからでも見えて、方向音痴の私でも迷わない。広場の中心では青空バザールが開かれ、少し離れると昔の城壁の跡があるというのは、だいたいどこのヨーロッパの都市でも共通している。街の真ん中というのに車はほとんど見かけず、また空気も澄んでいる。ちょっと中世の街に迷い込んだ感じがする。

次の日は一日中、フライブルグ市の外郭団体の環境案内人による講義と現地視察。フライブルグには私たちのような視察団がたくさん訪れるので、このようなNPOの専門組織ができているのだ。まず、ホテルの居間で一時間ほど街の歴史と、まちづくりの基本理念をじっくり聞く。それからなるべくエネルギーを消費しなくてすむような環境住宅、太陽光発電・風力発電が実際に稼働している様子、雨水を有効利用するための街路の工夫など、貸し切りバスで市内全域を回って実物を見ながら説明してもらう。本当にあらゆる面からの取り組みをしている。

太陽光発電パネルの工場も見学した。じつはこの発電パネルの生産量は、我が日本国が世界でもっとも多いのである。また北九州市の響灘の工業地帯や、南阿蘇の中腹などにはそれぞれ十機ずつの風力発電装置がすでに稼働している。ならばなぜこの自然エネルギーの利用がわが国で進まないか？　それはいまだ石油を燃やしてできる電力の方が安く、国民が環境のためとはいえ余分な支出は好まず、また国が補助するシステムも整備されていないからなのだ。

たとえばドイツでは広く普及しているデポジット制、これは回収や再生のための費用をその製品の値段の中に最初から組み入れて販売する制度である。使用済みのものを返却すると、はじめに払ったお金は戻ってくる。そのことにより、消費者は高い製品を買うことになるが、確実にそれは回収されごみとはならない。

わが国でも、ずいぶん以前から環境省や地方の行政当局がその導入を要望しているのだが、経済団体やその利益を代表する経済産業省が強く抵抗している。少しでも高いと商品の売れ行きが鈍り、経済が冷え込むことを懸念するのである。で、電化製品などは廃棄するときに処分費用を徴収するシステムになっている。これでは不法投棄が増えても仕方ないではないか。

一通り案内していただいた後に、続いてフライブルグ市に住んでいる根本先生のお弟子さんの家とそのお友達のドイツ人の家庭とを訪問して、家庭生活の中での環境問題の取組みの実態を見せていただく。家庭の中でもごみの種別によってそれぞれごみ箱は別、生ごみはすべてコンポスト。かなり裕福なご家庭だと思われるが、生活はいたって質素だ。ごみは排出者の責任で処理すべきという考え方が徹底していて、自分で処理できない物は処理業者と契約して、有料で引き取ってもらう。そのためのごみ箱をどの家庭も設置している。ごみ箱の大きさと回収回数によって費用が違う。

　夕方近くになっても五月の陽はまだ明るい。郊外なので森がすぐ側に迫っている。余力のある者は今からシュバルツバルト（黒い森）へワンダーフォーゲルだ。私も見栄を張って、若者組への仲間入り。根を上げそうになったところで眼前が開け、美しい湖と湖畔のおしゃれなレストラン。またしても頑張った者だけが味わうことのできる、おいしいビールで乾杯。こんな山奥の車も通らないところにこんなに素敵なレストランがあるなんて、誰が想像できようか？

　フライブルグではまた、ごみの処理場も見学することができた。ごみ処理は民間で行われるが、ここでは焼却しないで埋めるために徹底的に量を減らす努力をしている。分別収集したごみも、ベルトコンベアに乗せて人力でさらにきっちり分ける。ただこの施設は日本の清掃工場とは比較にならないくらいお粗末で、労働環境もとても悪い。会社側の説明では競争入札で仕事は三年しか保障されないので、多額の設備投資はできないとのこと。「なるほどねえ」とうなずくほかない。会社としては借金をしてすばらしい工場を造っても、次の競争入札で仕事を受注できなければ借金だけが残って倒産ということになりかねない。

　最後に、市民のための環境教育の場として、ＮＰＯが運営するエコステーションにも行った。こんなに徹底している環境都市でも、まだまだ不断の教育が必要なのだ。人間は放っておくと怠惰に流れる。「まちづくりには理念が必要で、それは不断に思い起こしておかなければならない」ということを強く教えられたフライブルグの経験だった。

しかし根本先生がわれわれをもっとも連れて行きたかった場所は、アメラング。ここはミュンヘン郊外でスイスのアルプスにもほど近い田舎町。まさにアルプスの少女ハイジが出てきそうな丘の上には、地元の人たちが贈った赤い「根本の椅子」が置かれている。根本先生は毎年語学研修の学生を連れてきてホームステイさせること十数年、ドイツと日本の架け橋として村の村長さんから一人ひとりの村人までにまで親しまれている、その根本先生が大好きでちょっと時間があるといつもそこで思索をめぐらせている場所なのだ。

アメラング自体、おとぎ話に出てきそうな家々が並ぶ美しい村だ。豊かな緑の中に点在する家はどこも草花で彩られている。またもう一つの丘の上にあるお城もとても美しく、ここを中心に毎年お祭りもあり、コンサートなどが開催される。さらにこの村には高齢者専用の高級なレジデンスもあり、かつて名をはせた有名人たちの終の棲家として豊かな福祉を提供している。また、博物館、民家村、木工芸館、園芸店なども点在し、ここを訪れるホームステイの客がゆったりとした時間を過ごすことができる。まさに自然との共生、これが環境を大切にする人の生活の極致だ。アメラングは人の幸せとは何かを教えてくれる村だった。

他にも、スイスのバーゼルや詩に多く歌われているハイデルベルグなど、またドナウ川やワインの丘などにもちょっと寄って、ドイツを満喫することができたが、これらは省略。学生の修学旅行と変わらないようなケチケチの旅だったが、たいへんな勉強ができ、みんな心は大満足。

　根本先生と一緒に行った議員さんたち、さらに環境局の仲間たち、本当に、本当にありがとう。また私たちの留守を守ってくれた仕事仲間にも、心からの感謝をした大切な旅だった。

激動の教育界　教育長【平成十六――十九年】

ちょっとだけキーを上げて

環境の仕事もどんどん面白くなり、仲間も増え、油ものって、またようやく本格的に「家庭ごみ有料化」条例案提出の手続きに入ろうとしていた矢先のことだった。

平成十六年八月の十七日に、私が「次期教育長になるらしい」という新聞辞令が出た。まったく予兆がなかった訳ではない。以前それらしいことはその筋から聞いてはいたが、まさかそんなに早くとは思ってもいなかった。まだ現教育長の任期は二カ月近くある。

この日は実は私の誕生日、環境局のみんなで陽気に飲み会をやるつもりが、なんとなく湿っぽいムード。そりゃあすばらしい職に就かせていただけるのだもの、嬉しくないはずがない。しかし教育長と言えばすべての人のお手本になるように、品行方正を地でいかなければならい。男性の方は教育長になったとたんに飲み屋通いを止めたとか、立ち小便は禁止されたとか、そんな話をよく聞いていた。まさか私は立ち小便はしないが、時たまではあるが歩行者信号は無視するし、告白すると車のスピード違反でつかまったこともある。また私は亭主に逃げられたし、それでも惚れっぽいのですぐ恋をする。

こんな私が、みなさんのお手本となるべき教育長に⁉

教育委員会といえば、市長部局から独立して基本的に六人の教育委員の合議によってその方針が決められる組織である。その大方針に従って、教育行政を執行する全責任を負うのが教育長。教育長の下では約千五百人の教育委員会事務部局の職員と八千人にも及ぶ教員が、福岡市の十二万人もの子どもたちのために頑張っているのである。これらの教職員の先頭に立ち、恥ずかしくない教育行政をするには、相当の覚悟が必要だ。

反動はすぐにきた。新聞に載って一週間後くらいから、私を誹謗中傷する差出人不明の手紙があちこちに配られ始めた。中にはご丁寧に私の上半身はだか（に見える）の写真まで添付しているものもある。いろいろなバージョンがあったが、どれも根っこは同じところにあるというのが分かる。

あまりにしつこいので、市長に迷惑がかかるといけないと思い相談したところ、「こんな問題にはきちんと戦え」と言われた。私は意を強くして警察にも相談し、このような卑怯なことは許さないという姿勢を広く明らかにした。それ以後、この嫌がらせはぱったりなくなった。

教育長の人事は議会で承認されなければならない。自分の人事が人の思惑に委ねられるのはあまり気持ちの良いものではないが、それ以上に自分の目の前で賛否を問われるのは本当に嫌なものである。目をつぶっていたいくらいだが、反対に現実のその時には目を大きく見開いて見ていた。おかげで圧倒的な賛成多数をいただいて無事案件が通ったときには心からホッとし、みなさんに感謝の気持ちでいっぱいになった。

いっぽうこれで市役所職員を退職することになると思うと、とても寂しい気もした。環境局の仲間たちは、私の年の数だけ、五十?本の真っ赤なバラの花束を贈ってくれた。こんなにたくさんのバラをいただいたことは生まれて初めてだった。また多くの友人たちも、いろいろな形でお祝いやら激励やらしてくれた。こんなにみなさんにお世話になっているのだもの、精一杯努めなければ。すこしでも尊敬される教育長に近づけるよう、頑張ってみよう。

私は教育次長の時には遠慮してできなかった、全校訪問を自らの課題とした。ともかく十二万人の子どもたちと八千人の教員がいる、教育の現場を見なければ。何も分からなくてもいい、みなさんに挨拶して、ただ声をかけるだけでもいい。始めてみなければ何も動かない。最初はそんな気持ちで取りかかった。

学校に行って、校長、教頭、教務主任にあいさつ、場合によってはＰＴＡや地域の役員さんたちとご一緒することも、また職員室にいる先生たちに声をかけることもあった。それから全授業を見て回り、トイレ、保健室、図書室を見て、余裕があれば用務員さん、給食調理員さんにもあいさつして回った。教室にはいると先生が目で会釈したり、子どもたちにもあいさつさせたり、反対にわざと無視する先生もいた。特別に知らせることもしなかったから、ある学校では、担任の教師が「児童のおばあちゃんが参観にこられているのかと思ったら、それが教育長だった」とびっくりされたこともあった。

こちらが様式を指定していたわけではないので、学校によってじつにいろいろな対応があり、これだけでも大変勉強になった。そしてしばらく経つとこの訪問で、私自身にもまた学校にもとても大きな成果を得ることができるようになった。これについては後に詳しく述べよう。

このように教育委員会では、子どもたちや若い先生と会うことが増えた。学校に行くと子どもたちの無限のエネルギーをいただくような感じがする。私は環境局でドスが効くように低くなっていた声のキーをちょっとだけ上げて、とくに子どもたちと会うときには嬉しそうな顔をして「こんにちは！」と声をかけて回った。おかげでその癖が身について、そうすると本当に人に会うのが心から嬉しくなって、今でも人に会うと自分でも意識せずにニコッと笑っているらしい。「形が人を造る」というのは真実だ。

教育委員会でもう一つ心から嬉しかったのは、中央教育審議会の委員に就任させていただいたことである。登下校途中や事もあろうに学校内で子どもの命が危険にさらされたり、また国際学力テストの結果から日本の子どもたちの学力が低下していると懸念が拡がる中で、教育界はかつてないほど厳しい目を向けられていた。

このようなとき、もちろん自分の与えられた地域で子どもたちのために精一杯働くことは重要だが、国の状況について情報を得、制度的な問題に対して意見を言わせていただくということも、とてもやりがいのあることである。私はかつて研究者の時代に家族政策を専門としていたが、政策の元となる、家族のあり方、子どものあるべき姿について、中教審の考え方はたいへん重要な指針となっている。「その中央教育審議会の議論に参加できるなんて……」、まるで夢みたいな心地だった。

臨時委員として私の与えられた任務は、教育課程部会のなかで小中学校の学習指導要領の改訂に関して、意見を述べること。現場の責任者としての立場とともに、大学で研究してきたということもあわせて、自由に発言して欲しいと要請された。

私が委員になったことは福岡市の教育委員会初のことだそうで、現場の教師たちもとても喜んでくれた。せっかく現場の代表になるのだからちゃんとした意見を持っていきたいと思い、月一〜二回開催される審議会の前には、想定される議題に沿って教育委員会内の教師たちと勉強会を持った。みんな忙しいのに快く付き合ってくれた。みんな自分たちの意見が反映されるということに、達成の喜びを感じていたのだ。

おかげで、論客の多い審議会の中でも気後れすることもなく、毎回積極的に発言できたと思う。私の隣の席は国会議員になる前の猪口邦子さんだったが、この方の分かりやすい話し方は大変参考になった。すこし驚いたのは、学者にしろ行政の代表にしろ東京周辺に住まわれている委員が圧倒的に多いことだ。国が作るいろいろな政策は構造的に地方の意見が聞かれにくい仕組みになっている。この中で地方の現状と現場の意見を伝えるには、声を大きくしなければならない。

私は毎回随行として、指導主事を交代で連れて行った。ここでは書物でしか知らなかった有名な先生方が、教育に関していろいろな考え方を述べる。これを身近に観察できるのだ。指導主事も現場に戻れば、ここで議論された指導要領に即して子どもを教える、また他の教師を指導することになる。その時、より臨場感を持って伝えることができるだろう。みんなずいぶん良い経験になったことと思う。

続く大事件

私が教育長を拝命したちょうどその頃、全国では爆破予告のイタズラがあちこちで発生していた。福岡市でも、「地下鉄構内や銀行などに爆発物を仕掛けた」というような電話が続けざまにあり、そのつど警察はそれを捜し回るし、付近の人は避難をしなければならなかった。「危ないなあ」と思っていた矢先、市内のある小学校にそのような脅しの電話があり、念のため子どもたちを早く下校させるという事態になった。教職員は警察の助けを借りて、校舎内だけではなく学校敷地のすべてを点検して回った。

こんなことがいくつかの学校でたて続けに起こった。その度に子どもたちを早く帰し、点検をして回るのは大変なことだ。警察とも相談して、学校に対しては、いつでもきちんと整理整頓して何か異常があるとすぐに気がつくように指導するとともに、マスコミに対しては、これ以後報道を慎むようにと申し入れをした。これはいわゆる〝愉快犯〟というもので、世間が騒げば騒ぐほど図に乗ってますますエスカレートする。またそれをまねしてやってみる〝模倣犯〟というのもある。今では小学生にまでそんなことをする者がいるから、驚きあきれる。報道のあり方はとても難しい。

しばらくたって、一連の脅迫事件に関与した疑いのある者が逮捕されたことが報道され、ようやく爆破予告のイタズラは沈静化した。これはイタズラではなく、大変な犯罪であるということを子どもたちにも教えなければならないと思う。

それとともに、私は「大切な子どもたちの命を預かっている」ということの重みを実感した。先輩の教育長が「自分はいつでも辞表を胸ポケットに持っている」と言われたことが、現実味を帯びて理解できた。自分の命と引き替えにこの仕事をさせていただいているのだと、改めて思った。

しかし、思いもかけない事件というのはあるものだ。

その日、「博多の歴史と文化を語る会」主催で早朝から承天寺での座禅会に出席、「天井映し」と呼ばれる薄いおかゆをいただき、とても爽快な気分でそのまま学校訪問に。お昼は時間がなかったのでざるそばをすすり、会議、来客などの日程をこなした。ようやく夕方近くになり、「さあ、今日はおいしいものでも食べようかな」とのんびり構えていた矢先、「本市中学校生徒が高校生の兄を殺傷してしまったようです」との第一報。

しばらくは警察からも中学校からも、他には何にも情報が入ってこない。教育委員会からはすでに担当の課長と係長を派遣しているが、そちらもまだよくつかめていない様子。マスコミからもぼちぼち取材が入り始めている。

こんな時、マスコミへの対応は重要だ。取材されるままにあちこちでばらばらに答えていたのでは、収拾がつかなくなる恐れがある。市政担当記者の幹事をしているM氏に相談して、共同記者会見を行うことにした。まず午後七時に学校で校長が対応する。つぎに八時半から市役所で教育委員会が対応する。

校長は私と高校の同級生だ。落ち着いてきっちり答えるよう励ましの電話をする。担当課長、係長の指示により体育館に急遽しつらえた会見場で、多くの記者とカメラに囲まれながら、校長は、生徒の家庭の状況、日頃の様子などちゃんと答えていた。この様子を、私は課長の携帯電話を通して聞いていた。

教育委員会での記者会見では、事件の概要と加害中学生の心を察知しなかった学校側の反省、学校の他の生徒たちの心のケア、他の学校でも同様のことが起こらないよう注意を喚起することなどの決意を述べた。そして翌日、教育センターにすべての校長を集めて「心のアンテナを張り巡らせてください」とお願いした。お陰で報道もちゃんと対応してくれて、エスカレートすることもなかった。

その後、学校も落ち着きを取り戻し、加害少年のことを良く知っている学校のPTAや地域の方からは、善処をお願いする嘆願書を出したいとの相談があったので、弁護士と相談して実行してもらった。家庭裁判所の判断の場で十分に効を奏したと聞いている。

学校側が、生徒の状況を察知できないのは、家庭の状況を詳しく知ることができないという現在の制度にも問題があると思う。昔は親の学歴、職業まで調査していたが、プライバシーの問題で、今ではこれらの家庭状況は聞くことができなくなっている。家庭訪問も保護者が拒否すれば、家にも入れない。こうなったのにはそれなりの理由があるのだが、しかし、その子の背景を知らずして、全人的な教育をすることができようか？

私は、中央教育審議会の会議の席上で、この事件の報告をするとともに、現代のこのような制約がある中で、生徒と教師の信頼関係を築く上で問題はないのか考えてみる必要があると、意見を申し述べた。

それから程なくして、また奇妙な事件が発覚した。

「十八歳の女性が保護されたが、職務質問すると学校に行ったことがないというので、現在、警察にて調査中」という。私に教育委員会から第一報が入ったのは休日の夜八時頃。私はすぐ市役所の教育委員会フロアに駆けつけた。すでに就学担当、学校教育担当、当時関係していた教員などたくさんの職員がきていて、忙しそうに書類をめくっている。

今十八歳だから、就学時というと十二年前だ。私がちょうど学者を辞めて市役所に入った頃。

現在小学校長で、当時その子の就学予定の学校の教頭をしていたというM先生に事情を聞く。

「その子のことなら、よく覚えています」

「新一年生は、入学前に親子で二回集まってもらうんですが、一度ともこられませんでした。それで、私が教頭としてお宅に行ったんです。」

彼女は正確にその後の対応も覚えていた。

一年の担任も週一回の割合で家庭訪問をしたが、子どもとお母さんに会うことができず、そのうちに訪問は月一回になったという。その後も学年が進行し担任が変わるたびにこの子の件の引き継ぎを受けた教師は、当初は熱意を持ってことに当たるが、成果はまったく上がらなかったということだ。

一度は児童相談所の職員とともに訪問した。しかし、子どもを虐待している様子はないとして、強制的に家に入れなかった、また小学校から中学校に上がる時は、教育委員会から直接の調査に入るが、やはりなしのつぶて。中学校の三年間も小学校と同じような対応で、結局就学年齢満了を迎えたという。

聞き取りと、これまでの調査資料から以上のようなことが把握できた。なぜもっと積極的に動けなかったのか残念には思いながらも、学校としてはいちおうできることはしてきたのかなと思いなし、さらに今後の対応として、彼女にこれからどんな教育をするか、内容と手だてを考えるよう指示して、その日は解散した。

警察から長いこと連絡がなかったので、どうなっているのか心配していたところ、前触れもなく某紙の朝刊にこのことが報道された。この時は完全にマスコミ対策の失敗だった。私が慌てて役所に行った時には、すでにテレビ局がたくさん入っていて学校担当の部長がインタビューを受けていた。

じつはこの直接の担当は学事課で、ここに情報を集中させていた。ところが当の部長は人が良いので、すこし曖昧なところもありながらも親切心で答えたのだ。それで、自分の失敗に苦笑いをしたらしい。このことがテレビ画面に映り、「教育委員会はこんなひどいことを仕出かしたのに、笑いでごまかしている」と全国から非難ごうごう。マスコミの威力は恐ろしい。当の部長はしばらく意気消沈していた。

意気消沈くらいだったらまだしも、このような学校の態度のマイナスイメージから、事件の真相を理解していただくのはたいへん難しい。学校は「それなりに対応していた」といくら言ってみたところで、「おざなりな対応」としか映らない。

しかし、これはじつは「親権」と「親の教育を受けさせる義務」との相克で、大変むずかしい議論のあるところなのだ。現に、有名人で義務教育を嫌い、自分の信じる教育方法で子どもを育てた人もいる。またインターナショナルスクールなど、学校教育法上の学校とは認められていない学校に、子どもを通わせている人もたくさんいる。

また、子どもに直接会わせてもらえないからといって、その家の中に踏み込む権限は無制限に与えられてはいない。虐待があるという疑いがなければならないのだ。それがない以上、無理に家の中に入れば、児童相談所の職員でも学校の教師でも、住居侵入罪になりかねない。

私は、このような法律上の制約があることを、議会の答弁の際にちょっと時間を取って説明させていただいた。これは異例のことだったらしい、みんな唖然としていたようだ。でも、分かっていただかなければ仕方ないではないか。

結局、教育委員会と児童相談所とのさらなる連携、つまり子ども総合相談所の機能の充実が必要だということで、そのためのマニュアルを作成し、ようやくみなさんに納得していただいた。さらに、児童相談所の立ち入り権限の強化に関しては、様々な機会を通して国に強く要望してもらい、その半年後の国の法律改正で実現することとなった。

件の女性はしばらく施設で預かり、そこで一定期間特別に教師を派遣して義務教育を受けさせて、失われた十二年を回復させるということにした。心身の回復は早く、すぐに十八の娘らしくなったという。

福岡県西方沖大地震

平成十七年は本当にいろいろなことがあったが、福岡市にとってもっとも大きな事件は「福岡県西方沖大地震」の発生だ。

三月二十日、春分の日。その日私は中央区の大名一丁目辺りを母と一緒に歩いていた。午前十時五十三分、ゴーッという音とともに地上がグラグラッと揺れ始めた。まるで嵐の海の船上のようだ。民家の瓦が目の前に落ちてくる。現実とは思えない、白昼夢を見ているような気がした。

「まさか！」とは思ったが、とりあえず周りが開けている駐車場に飛び込み、ちょうど何事かと店から出てきた知り合いに、大声で「ラジオをかけて」と頼んだ。

「植木さん、地震です！」

瓦が落ちているし、周りの煉瓦塀も崩れそうだ、電線もぶら下がっている。右往左往している通行人に、「この辺の避難所は、大名小学校です」と声をかけ、私たちもそこに行こうとしたが、途中で「私は、市役所に行かなければ」と気がつき、方向を変えた。

ホテルの周りには、お玉を持ったままのコックさんやウェディングドレスの花嫁さんもいる。

商店街ではお客さんが商品を持ったまま、外に飛び出している。どういうわけか、こんなときはほとんどの人が黙ったまま呆然と空を見上げている。

市役所前広場は、もう避難してきた人でいっぱい。しかし庁舎の受付で聞いてみると、まだ職員は出てきていない。この間に母を家に連れて帰っておこうと決めた。母は認知症なので一人で家に帰れないし、母を連れたまま仕事はできない。幸い家は近いのでとりあえず帰って、家の様子を見る。母の居室はほとんど被害がなく、一安心。上の階の散乱した物は後から片付けることにして、私は市役所に取って返した。

市役所のエレベーターは止まっており、教育委員会のある十一階まで階段で上る。この程度ならまだ良いけれど、もっと高層階だとどうするのだろうと心配になる。たどり着いた教育長室のドアはノブをまわしても開かない。「さすが、こんな時には自動ロックされるようにできているんだな」と妙に感心したが、じつは中の衝立てが倒れてドアを押しているだけだった。

十三時三十分より対策本部会議。私が市民局長の時に整備させていただいた対策本部は七階にある。市長、三役、各局長が集まって、地震情報を共有し各局で把握している被害の報告をする。震源地は福岡県西方沖でマグニチュード七、福岡市の中心部などの揺れは震度六弱。まだ時間が経っていないので、あまり被害報告は上がってきてない。私は街の中心部にいたので、そこで見た様子を報告し、きっともっと大きな被害が出てくると思うと感想を述べた。

玄界島が一番震源地に近く、被害も大きかった。近くから見た人たちは「島が割れた」と表現している。地滑りが起こり、多くの家が崩壊した。しかし島のみなさんは船を仕立ていち早く島を脱出し、一人の人的被害も出さなかった。すごい判断力と実行力だ。

市のほうは避難所を九電体育館と決めていたが、学校施設でもっと居心地の良いところがあるのではないかということで、まだ新しく、研修のための宿泊施設も整っている福岡女子高校などで受け入れの準備を始めた。だがこれは、ひとたび九電体育館に落ち着いた島の方々の意向もあり、実現しなかった。

その日はたくさんの避難者が宿泊をされている大名と警固、二つの小学校の体育館の状況を見て回った。もっともここに行くにも道が建物の倒壊などで通行止めになっているところがある。そしてこの警備や迂回指導を、私が中央区長だった時に一緒に頑張ってくれた地元の方々が率先してやってくださっていた。「自分の家のこともあるだろうに」と思うと、私はありがたさに涙が出た。

次の二十一日も幸いにして休日だったので、この日のうちに全部の学校が校舎と通学路の点検を終えた。玄界島の小中学校を除いて、壊滅的な被害を被ったところはなかったので、次の日から通常の授業が実施できた。もちろん体育館や校舎の一部には使用できなくなった部分もあり、そのような場所には立ち入り禁止のロープを張っての応急措置だ。こんな緊急の場合にも、各校の教職員はもちろんのこと校区のＰＴＡはじめ自治会のみなさんが応援してくださったので、子どもの安全は守られたのだ。

玄界小学校、玄界中学校をどうするかはいろいろ議論した。子どもたちの数もそう多くないし、避難先の小中学校に一時期転校させるというのが最も簡単だ。しかしそれでいいのか？　玄界の人たちはほとんどこの玄界小学校、中学校の卒業生だ。そしてその子どもたち、孫たちが今、その学校に通っている。ここで一時期でも学校をなくしたら、みんなで一日でも早く玄界を復興させようという気力が萎えてしまうのではないか？　玄界島のみなさんの復興への意欲は、「この子どもたちのために頑張るのだ」という気持ちに支えられているのだ。

私たちは、玄界小中学校をそのままこちらで運営していこうと決めた。三月は幸いにすぐ春休みに入るので、四月の新学期から今の避難所に近いところで、小学校は平尾小学校に、中学校は警固中学校に間借りして開校することに決めた。それまでは避難所に教師たちも机を置いていたのだ。二校とも都心の学校で空き教室が少しあったので、うまく配置換えをして独立したスペースを確保してくれた。突貫で玄関や職員室の設備なども整え、「玄界小学校」「玄界中学校」という新しい門標も掲げた。

九電体育館に避難している住民の方々が湊公園の仮設住宅に移ってからは、またその地に近い簀子小学校と舞鶴中学校にそれぞれスペースを借りた。いずれも学校はじめ地域のみなさんが、避難所の人たちが地域にとけこむようにたいへんに心配りをしてくださり、子どもたちは様々な苦労はありながらも、すくすくと育ってくれた。

玄界島の復興のメニューに新しい学校の建設は欠かせない。せっかく新しくするのだから、これからのあり方として小中連携の建物を造るべきだと、これは私が強く主張した。かくして市内でアイランドシティに建設した照葉小中学校についで二番目の連携校が、この玄界島にも造られることになった。

小さかったといっても、二三一校あるほとんどの学校が何らかの地震の被害を受けていた。まずはその補修、大きな物は文部科学省から補助金をもらわなければ実施できない。さらに今後の対策として、すべての学校に早急に耐震対策を実施すること。これらが次の大きな課題だった。

学校は子どもたちが集団で一日を過ごすところ。二〇〇八年の中国の四川大地震で多くの子どもたちが校舎に押しつぶされた悲惨な光景は、記憶に新しい。とりわけ未来を担う子どもたちには、一番に安全を保障しなければ。また福岡の地震では、住民は誰に言われなくても学校の体育館に安全を求めて非難してきた。地域の人にとっても、学校は安全の砦なのだ。

阪神淡路大震災の後でも、福岡市では地震は少ないということで、これまで耐震対策はあまり進んでいなかった。しかしこの西方沖地震をきっかけに、学校施設の安全への要望は一気に高まった。といってもすべての学校でそれがすぐに実施できるものではない。費用のことはあまり言いたくはないが、たとえ文部科学省が補助金を出すとかして費用があったとしても、じつはこの耐震設計を審査する機関が少なくて、国中の建物で審査の順番待ちの状態なのだ。

そこで、私たちは「五年以内にすべての学校校舎と体育館の耐震対策をする」という方針を掲げた。そして、とりあえずは今回被害のひどかった地域と、今後活動することが懸念される警固断層の近くの学校から着手することにした。現在、それが着々と進んでいる状況である。

子どもを守れ！

子どもの安全に関しては、この時期、学校に入ってきた不審者に子どもや先生が殺傷されるとか、登下校中の子どもが見知らぬ人から誘拐され殺害されるなど、日本中でたいへん悲惨な事件が続発していた。

平成十三年六月、大阪教育大学付属池田小学校に男が侵入し、児童八人を殺害、十五人に怪我を負わせた事件は、日本国中を震撼させたと言っても大げさではないだろう。

この後、学校では外部の人間が自由に立ち入りできないように、これまで開けていた校門を普段は閉じてしまい、教室で何か異変があった時にはすぐに外部に連絡できるようにインタフォンや拡声器を備え付けた。また各教室に「さすまた」を置いて、教師自ら自衛する訓練もした。目潰しのためのスプレーを置いたところもある。このようにして、全国すべての学校で様々な自衛策を講じるようになったのだ。

しかし平成十七年二月、このような学校の必死の防衛の努力をあざ笑うかのような事件がまた発生した。大阪府寝屋川市立中央小学校で、そこの卒業生が訪ねてきて教師を殺害したのだ。数年ぶりに訪ねてきた卒業生を、学校側はただ不審者として追い返すようなことができようか？

これ以後、校門を完全に閉じガードマンを配置して、訪ねてくる者には身体検査をするというような学校まで出現した。

さらに平成十六年十一月に奈良で下校中の小学校一年生の女児が誘拐殺人され、翌十七年十一月には広島で、十二月には栃木で、相次いで下校中の小学校一年生の女児が殺害されるという、あってはならない事件が起こった。

この事件後はスクールバスを導入する学校が現れ、そうでないところでは、親や教師が付き添って集団で登下校させた。国会では「子どもの通学路には監視カメラを設置したらどうか」とか、「子どもにGPSを付けさせよう」ということが、真面目に議論された。まるでSFのようだが、現に、教育委員会にもそのような機械の売り込みも盛んにあった。さらにこれらの事件が契機となり、子どもに携帯電話を持たせる親たちも急増した。

私たちはこれらの大問題に対して、徹底的に「地域の目」で子どもたちを守ろうと決心した。あの大地震のとき、地域の方たちは、自発的に子どもたちを守ってくれたではないか。

福岡市には一つの小学校区ごとに一つの公民館があって、学校と自治会活動は切り離せない関係にある。「学校はまち、まちは学校」なのだ。学校はまちの人たちによりしっかり支えられ、また子どもたちは学校だけでなく、まちの中で育てられている。だから「地域は子どもを育てる大きな家族」なのだ。

福岡市は以前から開かれた学校を目指している。子どもたちが一人前の大人になるためには、学校で先生から学ぶ読み書き計算をはじめとするいわゆる「形式知」とともに、地域や家庭の生活の中でいろいろな人と交わり、自然と関わることによって身につくいわゆる「暗黙知」の両方が必要だ。子どもの教育のために、学校と地域、家庭はしっかり連携協力し、それぞれの役割を十分に果たさなければならない。

このように考えて、学校はいつでも保護者や地域の人が出入りできるよう、垣根は低くしている。地域の誰もが学校に入るきっかけづくりのために、毎年十一月初めの一週間には「全校公開週間」を設け、すべての学校が特色ある取り組みをして、多くの来校者をお迎えする。

実際、学校の塀の多くは生け垣で低く造られているので、入ろうと思えばどこからでも入れる。校門に一人二人のガードマンなどを配置しても、福岡市の場合にはあまり効果はないのだ。福岡市では地域のすべての人のまなざしが、子どもたちの安全を守る強力な武器である。ならば、できるだけ多くの地域の人にいつでも学校にきていただいて、みんなの目で見守っていただこう。どなたでも来校者は玄関の受付で名前を書き、お客様カードを胸にかけていただければ、校舎内に自由に入れるようになっている。

一連の事件後間をおかずに、ほとんどすべての校区で自治協議会をはじめ、老人会、婦人会のみなさんが、子どもの登下校時に合わせてボランティア的に見守り運動を開始してくださった。「どうせ散歩をするなら、その時間に」ということである。この結果、子どもたちとは顔見知りになって、よくあいさつを交わすようにもなったと言われる。どちらにとっても気持ちの良いことだ。また、ＰＴＡでは以前から「子どもの家一一〇番」の制度を設け、何かあったときには子どもが駆け込める場所を一万四千カ所用意している。

学校ではこれらの取り組みを組織的にさらにスキルアップさせるために、「スクールガード」

の制度を立ち上げた。今では六千人以上の地域の方々にボランティアとして登録していただき、防犯の専門家から講習を受けた後に、より積極的に学校内外で子どもを守る活動をしていただいている。

このほかにも子どもたち自身に危険回避能力を身につけさせるため、ロールプレーイングを通して、危険な場面に出会った時の行動の仕方を教えている。また危険な場所を通らないように通学路マップを作らせ、家族と情報を共有している。さらにすべての子どもに防犯ブザーを持たせて、保護者には防犯メールの配信を開始した。また教職員に対しては、危機管理マニュアルの徹底と、危機に遭遇した場合の行動訓練を定期的に実施している。おかげで、福岡市では学校内外での見知らぬ大人による重大な犯罪は、今のところ発生していない。

福岡市の学校、とくに小学校はこのように地域と密着して存在している。ここには、他の都市で一部採用していると聞く「学校選択制」を採用する余地はないと考える。その代わりに、学校はつねにその地域に愛されるように、学校の情報を開示し、地域行事に積極的に参加し、地域の一員として責任ある行動を取らなければならない。

一方、地域力をより高めていくために、地域の人への社会教育、家庭教育の充実もこれまで以上に必要だと考える。

現場主義

「ともかく実行するよりほかはない」と始めた学校訪問。回る内に、こちらにも「見る目」というものが備わってくる。備わった目で見ると、すでに校門のところでだいたいの評価は決まる。

門は開けていても閉めていてもよろしい。開けているのはこちらがこの時間に行くと言ってあるからで、丁寧なところではそこに教頭または教務主任が待っている場合もある。またもっと丁寧なところでは「打ち水」までしている。だいたいこんな学校は他の点でもきっちりしている。しかしそこまでされると、訪問者は「自分は学校の日常の仕事の邪魔をしているのではないか」と、気が引ける。

そんなことをしなくても門の周り、学校の敷地の周辺を見れば、日頃の様子はうかがい知れる。うまく運営されている学校は、まず周りがいつでもきれいに掃除され、ちり一つ落ちていない。反対に生徒が荒れている学校では、周辺も雑然としてちりが落ちていたり、生け垣や塀の周りに雑草が生えている。生徒がごみをポイ捨てするし、教師も周辺を気にかける余裕もなくなるのだ。

一歩学校内に入ると、この傾向はより強く見られる。門から玄関まで掃き清められ、清潔感があふれているのは、生徒たちがちゃんと掃除をするからだ。花が植えられているとなお嬉しい、これは教師と生徒の連携プレーの証だ。こんな学校で生徒の心が荒んでいるはずはない。

荒れた学校を建て直すときは、生徒たちにトイレ掃除をさせると効果があると聞く。「掃除に学ぶ」会というのが全国的にあって、福岡でもその活動が盛んである。私も教育長になってすぐその活動を実体験したが、はじめはいやいや恐る恐る便器に手を出していた生徒たちが、だんだん便器が磨かれてきれいになってくると、もっときれいにしようとずっと奥まで手を突っ込んで磨き上げる。磨き上げた達成感は格別だ。磨き上げられたトイレは爽快で、だれもそこで悪さなどしようとは思わないだろう。

トイレ掃除をすると「心も磨かれ、謙虚になる」ということらしい。そういえば私も昔妊娠した時に、親から「トイレの掃除をすれば、心のきれいな赤ちゃんが生まれる」と言われて、せっせとお掃除に励んだことを思い出した。「今の人たちにもそんなことを言って通用するのかしら?」と思いながらも、トイレをきちんと掃除している学校は、もちろん校舎全体もまた清潔に整っているのは事実だ。

掃除についてついでに言うと、「子どもに掃除をさせるのは何事か!」と怒る保護者がいると聞いた。他の都市や私立学校の一部では子どもに掃除をさせないところがあるらしい。私は掃除の時間中に校内を回るのも好きだ。小学校一年生は正直言って掃除をしているのか、散らかしているのか分からない。しかし二年生になると雑巾もちゃんとしぼり、掃除の形が整ってくる。三、四年になると階段や運動場など、自分たちの教室以外のところも受け持ち、五、六年になると下級生を指導するし、トイレや保健室など難しいところも任される。

もちろん教師も一緒になって働き、範を見せる。整理整頓の習慣付け、自分のことは自分でするという自立心の養成、他の友達との協調性の涵養、しぼるとかかがむとか伸び上がるなど身体の鍛錬、段取りを考えたり工夫をするための頭の訓練等々、掃除教育の威力は本当にたいしたものだ。ぜひ家庭でも子どもに掃除のしつけをしてほしいものだと思っている。

学校訪問をするときには、初めの頃、それぞれその学校を担当する指導主事が同行していた。行く前には学校の概要を説明し、現場では視察の観点を耳打ちしてくれる。訪問する学校はランダムに選んでいた。

小学校と中学校の様子があまりにも違いすぎることに気付くのに、時間はかからなかった。端的に言えば、小学校にはいろいろ色があふれているが、中学校は無彩色だ。一方で、授業をよく観察すると、小学校六年生と中学校一年生との間に、重複や脱落の部分があるように感じられる。

試しに小学校を訪問する際、中学校の指導主事を同行させた。彼が最初に言った言葉がいまだに忘れられない。「ワーッ、小さい！」。

反対に、小学校の指導主事を中学校に連れて行った。彼は中学生の集団を見て「怖い」と言った。あまりにも教師自身が、それぞれの小学校文化、中学校文化に浸りすぎている。これでは小中の連携と言っても進むはずがない。

これ以後私は、基本的に中学校とその中学校区にある小学校とを一緒に回るようにして、指導主事も小中学校ペアで同行させるようにした。まずは、教育委員会の中での小中連携に着手したのだ。

生徒の小学校時代の情報は中学校でもきちんと把握しておくべきだと思う。「そんなものはいらない、中学校では新規まき直しで新しく挑戦させるのだ」というのは詭弁である。同級生もみんな進級するのだから、知らないのは中学校の教師だけなのである。そのような状況下で、とくに思春期にさしかかっている難しい時期に、ま

た家族関係も調査できないという制約の中で、どう指導しようというのだろうか。

また授業時間数も限られている現状で効果的に指導するためには、小学校の指導と中学校の指導に継続性と一貫性は絶対に必要である。互いに授業研究なんかも活発にして、重複と脱落だけはなくして欲しい。そんな願いを込めて、小中連携の具体的な必要性を声高に言って回った。

ちょうどアイランドシティに建設している新しい学校は、この小中連携の実験校と位置づけていた。ここでは建物そのものも小学校と中学校が合体する造りにしていたが、このような先進校でなくともできること、しなければならないことはたくさんあるはず。ということで、次の年からはまず小学校の先生を中学校に、中学校の先生を小学校に配置することにより、互いの文化を融合させる取り組みを始めた。小学校高学年から生徒指導の方法を取り入れることにより中学校の荒れが少なくなったり、中学校のいわゆる落ちこぼれを小学校時代から遡って学習させたり。

この効果はてきめんである。だんだんこの数を増やして、今では校長も入れ替える試みをしている。小学校らしさ、中学校らしさを全くなくすべきだとは言わないが、もう少し互いを理解するために相手を知る必要があるだろう。

回っていてもう一つよく分かったことは、気持ちよくあいさつができる学校は、またすべての面ですばらしい教育ができているということだ。教室でも、廊下でも、小学校ではとても元気よくあいさつをするし、中学校では気持ちよくあいさつをする。見ていると、教師自身がその範を示しているので、子どもたちは自然にそのまねをしているのだ。

教室はつねに窓を開けていて、外から丸見えにしている学校がある。だいたいにおいてこのような学校はその授業に自信がある学校だ。校長や教頭、教務主任はいつでも学校中を見て回る。教師は校長や教頭を信頼し、「どうぞ、ご自由に私の授業風景を見てください」と、無言のうちに語っている。自信がない場合でも、「どうぞ、いろいろ指導してください」と謙虚なのだ。

力のある教師は、後ろにも目が着いている。板書している時でも、子どもたちが何をしているか、廊下に誰がきたか、ちゃんと気付くのだ。切りのいいところでは、突然の来客に子どもたちにもあいさつをさせるし、切りの悪いところでは、自分だけ目であいさつをする。

あまり言いたくはないが、教室に校長自身が入ることをためらわせるような雰囲気がある学校もある。私たちが入っても、わざとのように気がつかないふりをするのだ。このような学校は、やはりうまくいってはいない。子どもたちの机の上も雑然としているし、後ろや廊下の掲示物、持ち物の置き方もだらしがない。

あいさつというのは、人と人との関係の第一歩。これがうまくいっているのは、人間関係がうまく行っていることの証拠なのだろう。そして教師同士の人間関係が上手くいっていると、子どもたちの教育にも熱が入る。さらに子どもたちも保護者も教師を尊敬し、信頼する。これが教育というものだ。

教育はすべての連鎖で上手くいったりいかなかったりする。掃除が行き届き、きちんとあいさつができる、これらはすばらしい教育の成果ではあるが、しかしまたきちんとした教育をするために最初に必要とされる基本的条件でもある。これらをうまくマネジメントできるかどうかが、その学校力である。

学校力は、まず校長の意思。しかしこれだけではどうしようもない。学校のすべての教師がこの校長の意思を共有しなければならない。このためには、まず教頭、教務主任、これがこれまでの学校のいわゆる管理職であるが、この三者が一体となって動くことにより、教師全体の一体感が生まれる。

教師全体の一体感が生まれると、子どもたちは迷うことなく教師のまねをする、これが「まねぶ」、すなわち「まなぶ」ということだ。そうなるとこの力は保護者に伝わり、また地域に伝わる。地域はこのすばらしい学校のために力を貸したいと思う。これが地域力である。

このようなことを身を以て知った学校訪問。まさに「現場主義」により得た私の「確信」である。

半世紀ぶりの改革

私たちの使命は、まずは子どもの健全育成、そしてこれからの社会を形成する者としてふさわしい人格の形成と能力の育成である。

このことを前提としながら、しかし何と言っても保護者が学校にまず求めるものは子どもの「学力の向上」である。とくに国際学力調査の結果から、日本の子どもたちの学力が低下しているのではないかとの懸念は全国的に拡がり、この心配は福岡市の保護者の間でも例外ではなかった。

多くの識者が、これまでの学習内容を厳選し、総合学習を導入して子どもたちに「考える力」を付けようとした方向に対して、「ゆとり教育」あるいは「ゆるみ教育」として、猛烈な攻撃を開始した。文部科学省における学習指導要領改訂の作業も、この一連の流れの中で始められたものである。もっとも件の国際学力調査が実施されたのは、いわゆる「ゆとり教育」の始まる前の生徒に対してであるので、おおかたの識者の「ゆとり教育」批判は直接には当たらないというのが、この時の中央教育審議会の共通認識であったことを、明記しておく。

私は、子どもの学力が低下しているかどうかを議論するためには、ちゃんとしたデータがなければならないと思った。ところが驚くべきことに、福岡市ではこれまで長いこと共通の学力実態調査は行われてこなかった。だから正確には福岡市の学力は過去と比較してどのようになっているのか、また他の都市と比較してどうなのかということも分からないし、学校ごとの課題、クラスの課題も見いだせないでいた。

教育をするには、その子どもを知らなければならない。これは鉄則だ。ぜひともきちんとした学力実態調査をしなければならない。このような意見はＰＴＡや議会でも出始めていた。私は力を得て、教育委員会内部でも強く主張し続けた。

問題は、いたずらな競争に流れないようにすること。競争に流れると本質を誤り、テストのためのみの勉強になってしまい、子どもたちに真に考える力を身につけさせることは困難になる。そもそも福岡市でずっと学力テストが行われていなかったのは、このような議論が強かったからである。約半世紀前の日教組の「学テ闘争」以来、国の全国一斉の学力テストは行われなくなり、その後しばらくたってから、ぼちぼち各自治体で独自に実施するようになってきていた。

私たちもこの点について内部でも、議会でも、また教職員組合ともおおいに議論した。その結果、一人ひとりの児童生徒の指導に役立つよう、個々人の学習到達度を測るという手法で、調査を実施するということにした。また学習環境調査と併せて実施することにより、子どもの生活態度との相関も分かる。時期は新学年になってすぐ。前の学年での到達度を知ることにより、新学年での指導に役立たせる。さらに個々人の詳しいデータを夏休み前に読み取り、一人ひとりの児童生徒の弱点と教師自身の指導法の問題を発見することにより、その克服を互いの夏休み中の課題とする。

この方法で、たとえば子どもたちの「日本語でまとめる力」が弱いということが分かったので、「教師は必ず、時間中に何回かはまとめをして板書する」というようなことを、教育センターから指導法の注意事項として周知させることにした。また、前から言われていたことではあるが、やはりきっちりと朝ご飯を食べ、基本的な生活習慣ができている子どものほうが、そうでない子どもより学習到達度が高いということも実証された。そこで、ＰＴＡとこの調査結果を共有し「早寝、早起き、朝ご飯」の運動をこれまで以上に積極的に展開してもらうようにした。

こうして約半世紀ぶりに、わが福岡市でもすべての子どもたちの学力実態調査が実施されるようになったのだ。その後、文部科学省が全国一斉の学力テストを実施することになったので、これと重なる部分は負担の問題もあり実施を見送ることにした。しかし、全国一斉では、福岡市が実施していたようなきめ細かな、個々の児童生徒の指導に役立つような調査は無理である。地方分権の今日、本来ならこのような調査は地方の教育委員会に任せるべきであろうと考えている。国はもっと大きな視点で、全体の傾向を把握するような調査だけでいいのではないかと考える。

さらにいま、このテストの結果を開示するかどうかで全国的に争われている。私は、そもそも一回や二回の調査で順位付けをして、一喜一憂するのもおかしな話だと思っている。でも調査をする以上、その結果を知りたいというのも人情なのだろう。だからこそ、国の調査はあらかたの傾向を知るためのもので止めておくべきだろう。あとは各自治体の教育理念に任せておけばよい。あくまでも福岡市では、個々の子どもを精一杯伸ばすための学力実態調査だったのだ。

子どもの力を精一杯伸ばすためには、教師が一人ひとりの子どもに十分に目を向ける余裕がなければならない。

半世紀前、私たちの子どもの頃は五十人学級で、それも一割増まで認められていたので、五十五人、どのクラスもギュウギュウ詰めだった。それでも部屋があれば良い方で、一、二年の時には学校の建設が追いつかず、二部授業、つまり朝からのクラスと昼からのクラスがあった。雨の降る日には、傘がないという理由で学校に出てこない子もいた。

五年生のクラス替えの直後、視力検査があった。これまで休みがちだったある子が、「分かりません」の連発、一番上の字を指しても「分かりません」だった。新しく担任になった先生は不審に思い、手もとの教科書を読ませてみた。読めない。つまりこの子は字が読めなかったのだ。その後、クラス委員だった私が教育係に任ぜられ、字の読み書きと計算を教えることになった。一年後にこの子の書いた詩は、今でもはっきり覚えている。その感性のすばらしさに驚いたのだ。

すずめ、来たね
ぴょんぴょん、来たね
ぴょんととんで、木の上に
つついているよ、はぜの実を
つついているよ、はぜの実を

昔は子どもが多かったから、取りこぼされた子もいたのだろう。しかし、それは許されることではない。子どもの一人ひとりはそれぞれに大きな可能性を持っているのだから。それをちゃんと発見して伸ばしてあげることこそ、教育の使命だ。

子どもにきちんと目を届かせるには、あまり大人数では難しい。しかし少なすぎても、今度は子どもどうしの切磋琢磨がなくなって、たくましい子は育たない。具体的に何人が適当というのは今のところデータがないが、三十人程度にはしたいと私は教育次長の時から思っていた。もちろん思いはあっても、教師を増やすためには財政上の問題や法制度上のしばりなど大きな壁があり、実現できなかった。

しかし七年後のこの時期、少人数学級をという要望は内外からふくれあがり、私もそれを味方にようやく小学校低学年で三十五人以下学級を実現することができた。「教育は人」なのだ。それとともに「教育にはお金をかけなければならない」のだ。

「教育は人」の意味は、教師の数とともに質も問われなければならない。いくら教師の数を確保したところで、その教師が本来の力を発揮しなければ子どもの教育はできない。この教師の力を十分に発揮してもらうためにはどうすればよいか？

学校訪問をして分かったのは、子どもたちが良い教育を受けているなと感じさせてくれるのは、学校力のある学校。この学校力は校長に真のリーダーシップがあり学校経営に目標を持ち、教頭と教務主任がそれを支え、その目標を全教職員が一体となって共有することから生まれる。校長にいわゆるリーダーシップがあって、自分の目標があっても、それが全教職員の共通のものになっていない限り、空回りして学校力は生まれない。

もちろん教師はそれぞれ独立した一個の人格者であるべきだ。しかしまた同時に学校は組織なのだ。それぞれが一致した目標に向かい、期待されている役割を果たすことによって、学校は円滑に運営される。円滑な運営のもと、一人ひとりの教師は伸びやかに精一杯自分の力を発揮できる。この時、目標は一致していなければならない。みんなの目標を一致させ得るかどうかが、校長のリーダーシップとして問われるところである。

このような考え方のもと、前年より試行段階にあった「目標管理の手法による人事評価」の全面実施に踏み切った。これもいわゆる日教組の「勤評闘争」以来禁忌であった教員の勤務評定を、半世紀ぶりに復活したことになる。もっともこれはあくまでも目標管理の手法をもってするものである。

つまり年度初めに評価する者と評価される者とが話し合って、目標を設定する。このとき評価される者の目標を聞くだけではなく、校長がまず自分の学校経営の目標を掲げ、これに理解共感してもらい、両者の目標をどれだけ摺り合わせることができるかがみそだ。教職員の共感を得られない目標は、ただのスローガンだ。この人事評価のシステムによって、学校内の教師といわゆる管理職との話し合いが格段に進み、人間関係が密になったと聞く。これが学校力の強化につながることこそが、私たちの大きなねらいである。

教師の一人ひとりの力量が発揮されるシステムが整っても、その教師に発揮するべき力がなければ無意味である。力不足の教員についても、近年さまざまに問題視されている。これまで教員のかばい合いの中で何とかしてきたが、一番に迷惑を蒙るのは子どもたちである。教師の研修システムともに、力不足の教員の処遇の問題にも真剣に着手しなければならない時期がきている。

こうしてみると、たった二年半だったがずいぶん思い切っていろいろなことをやらせていただいた。少なくとも、これまで自分の「こうあるべきだ」と思っていたことには、ほとんど手をつけさせていただいたと思う。しかし、これでまた迷惑を受けたと思う人もいたかも知れない。

学校はまち、まちは学校

ご存じ、広州は福岡市と姉妹都市。この縁で教育委員会もこれまで毎年交互に広州市と教育交流団を派遣したり、受け入れたりしてきた。これが二十年続いている。しかし初めの内こそ行政主導で互いに学び合ってきたが、昨今は民間の交流も盛んで、学校どうしも直に姉妹校の締結をして交流をしている。行政的な交流がまったく意味がなくなったとはいわないが、緊縮財政の折りに真っ先に削られるのはこのような旅行の費用である。というわけで私が団長で行く十回目の訪問が最後となってしまった。

公立私立の幼稚園、公立の小中学校、私立の幼小中高一貫校、職業高校、専修学校、大学など、さまざまな学校を見せていただき、福岡市の状況と比較しながら情報交換をした。広州は街の発展もすさまじいが、教育にかけるそのエネルギーのすさまじさには圧倒された。

広州の教育長は「教育興市」という言葉を連発した。文字通り、教育によって市を発展させるのだ。典型的な例が、祈福新村の私立祈福学校だ。福岡市で言えばちょうどアイランドシティみたいな周りに何もない中に、寄宿制のすべて英語で教育をする幼稚園から高校までの一貫校を造った。幼稚園の学費が一般労働者の平均給与と同じくらいというから、その設備も半端でないことが分かるだろう。教師はほとんど外人教師、校長は党の幹部で、勤務評定も大変厳しい。

この学校、設立当初は九十パーセント以上が寄宿生だったが、今ではその割合は三十パーセントになった。なんと十年も経つと周りに大きな別荘が建ち並び、中国全土から母親と子どもだけがこちらに移り住んできたのだ。家が建つと、銀行もショッピングセンターも病院も造られる。まさに「教育興市」である。

「教育興市」の今ひとつの典型例が、大学街の建設。福岡市では目下、九州大学の移転事業が進行中であるが、広州市ではその倍はあろうかという広大な土地に、中山大学、広州大学など十の大学を移転集積させる事業が進行中である。中心部には図書館、体育館、国際会議場など共同利用施設を置き、大学間は日常的に往来できるので、研究や教育は切磋琢磨され、よりレベルの高い成果が得られると考えられている。

このことに限らず、広州市は予算不足と言われながらも、私たちが考えている以上に教育には力を入れていた。公立の小中学校でも建物は風情があり、きちんとした庭や応接室、講堂などを持ち、パソコンや楽器、運動用具なども私たちのものよりよっぽど充実している。職業高校や専修学校は企業と連携し、いま現在企業で必要とされている技術を習得させ、そのまま実社会に役立つようになっている。

私は広州市のこのような取り組みのすべてを必ずしも良しとするものではない。また、急激な人口増加で教育が届いていない子どもたちも大勢いるという現実の中で、陰の部分は見せていただいていない。しかしそれらを差し引いてもなお、広州市の教育への情熱とそのための現実的な投資の大きさをすばらしいと思った。

じつはつい最近、韓国の李さんという教育担当領事からも、韓国の教育レベルの進展を聞かされた。「植木さん、ぜひ韓国に見にいらっしゃい。学校の施設など、日本とは比較にならないほど充実していますよ」近いうちに見学に行かなければならないと思っているところである。教育設備のレベルにおいて、日本はすでに近隣諸国から遅れを取りつつあるのかも知れない。

「米百俵」の精神よ、いずこへ？　である。

昨今の大不況で様々な予算が削られていく中、日本の頼りは人力だ。学校の教師力の強化については前述した。このようにして学校力が高まると、地域の人たちもこれまでよりいっそう地域の学校を誇りに思い、学校に協力的になってくれる。学校の周りがきれいなのも子どもたちのあいさつが徹底しているのも、じつは地域の大人たちが協力してくれているからなのだ　これが地域力。

試しに、周囲が清潔な学校に行ってみるといい。必ずと言っていいほど、ＰＴＡや地域の人たちが学校にこられている。学校美化や行事の手伝いをしてくれたり、ゲストティーチャーだったり。また反対に地域行事にも必ず学校から校長か教頭が参加している。子どもの登下校時には地域の人が見守ってくれている。地域と学校が緊密に連携してはじめて子どもの安全が保たれ、全人的な

教育ができるのだ。

古い学校などは、そもそも地域の人たちが自分たちの財産を出し合って作ったものである。「学校は地域の宝」、このことをつねに互いに忘れないようにしなければならない。だから学校の情報はいつでも地域に公開していなければならない。学校はいつでも地域の評価にさらされていなければならない。地域も自分たちの学校として無関心であってはならないし、自分たちも一緒になって理想の学校に造り上げていかなければならない。

その意味で学校の統廃合にあたっては、学校だけの事情で考えるのではなく、地域の人たちも巻き込んで一緒になって考えて行かなければならない。博多部の四つの小学校を統合するときには、まず地域の方々に考えていただいた。

私が教育長の期間中、二つの学校を新設した。一つはアイランドシティの「照葉小中学校」。これは新しい地域に学校を新設するというもので、また学校があるから人も集まり、おかげで今ではこの周りにたくさんの住居ができ、住民も増えている。もう一つは大規模校を解消するためのもので、隣接する二つの大規模小学校を三つの小学校に分離、再編した。これは同時に地域を二つから三つに分け直す、つまり校区の線引きを変えるわけだから、じつに大変なことである。

本当にこれは大変な力仕事だった。担当の課長、係長などほとんど毎日といっていいほど現地に行ってアンケート調査をしたり、実際に校区を歩いたり、住民の方々との話し合いをしていた。じっさい靴の底がだいぶんすり減ったそうだ。このような手続きを三年以上重ねてようやく仮に線引きができ、今後も徐々に見直していくという合意に達したのだ。そして待ちに待った新しい「姪北小学校」が誕生した。

この小学校新設について地域との話し合いを評価してくださったみなさんから、私は教育長を辞してからであったが、「姪北小学校」校歌の作詞依頼をいただいた。とても嬉しくて、ありがたくお受けさせていただいた。歌詞には、子どもたちにこのすばらしい地域をいつまでも愛していてほしいという心からの願いを込めた。そしてあいさつを大切にしていただきたいとの思いから、歌の中に音符を付けないで大きな声であいさつをする箇所を作った。おそらくこんな校歌はどこにもないだろう。

姪北小学校　校歌

一　友と私と愛宕山
風さわやかに　日は昇る

集う学び舎　すくすくと
育つ　希望の若緑
大切にしよう　この出会い
（こんにちは！）
明るく輝け　姪北小学校

二　友と私と名柄川
流れは絶えず　潮香る
学ぶ喜び　のびのびと
めざすやさしさ　たくましさ
大切にしよう　この気持ち
（がんばろう！）
元気な仲間だ　姪北小学校

三　友と私と小戸の浜
恵み豊かに　胸おどる

受け継ぐ文化　晴れ晴れと
つなぐ　あしたの世界へと
大切にしよう　このまちを
（ありがとう！）
大きくはばたけ　姪北小学校

大学でメディアデザインの研究をしている息子に制作途中の詩を見せたら、「こんなのもあるよ」といわゆる字余りの現代風にさらさらと書き下した。それも棄てがたいので、手を入れて校長にお見せしたら「ぜひこれを愛唱歌にさせてほしい」と言ってくださった。それで、姪北小学校には校歌と愛唱歌が同時にできてしまった。

姪北小学校　愛唱歌

一　愛宕山の愛に包まれ
さわやかな風と　光を浴びて
ここに集ったともだちと

若緑色の希望にあふれた
いつか　なつかしくなる　この出会い
こんにちは　こんにちは　姪北小学校

二
名柄川を流れて届く
潮の香りを大きく吸って
遠く　高く　飛び立つために
やさしさやたくましさを学んだ
いつも　あふれてくる　この気持ち
ありがとう　ありがとう　姪北小学校

三
小戸の浦に踊る気持ち
幸せは波に乗ってやってくる
はるか昔から続く海に
あしたに向かう夢を浮かべよう
いつまでも　心にある　ふるさとを

わすれない　わすれない　姪北小学校

それぞれにすばらしい作曲をしてくださり、開校式典で披露していただいた。そのときの感激を、私こそ、ほんとうに「わすれない」。

教員採用試験問題漏洩事件顚末

それは、まさに晴天の霹靂だった。平成十八年の仕事納めの日。この日、私は、「今年もせいいっぱい仕事をしてくださってありがとうございました」とみなさんにあいさつをし、初めて設けた「教育長表彰」を授与した。つまり、教育委員会には一万人も教職員がいるのに、内部の人たちがその仕事に対して表彰を受ける機会は、市長部局と一緒に市長から授与される年末表彰があるだけ。

学校の現場ですばらしい仕事をしてくださった方々を積極的に顕彰したいと、教育委員会の管理職のみなさんと図って管理職会から費用を出し、この年「教育長表彰」なるものを創設したのだ。表彰を受けた先生たちの晴れがましい顔。日頃のたいへんなご苦労を、教育委員会がちゃんと評価しているということをお伝えするのは、今後のさらなるやる気にもつながるだろう。「来年はもっともっと子どもたちのために、教育委員会一丸となってがんばろう」、みんなそんな想いで、仕事納めの式を終えた。

その直後、「大変な事が起こっています!」。

教職員部長が暗い顔で部屋に入ってきた。

「N新聞の記者からいま取材があったのですが、どうも我々の教員採用試験の問題が漏れていたらしいのです」

私はとっさには、何のことだか訳が分からなかった。聞くと、F教員養成大学同窓会が主催した第一次採用試験合格者のための二次試験対策勉強会で配られた予想問題が、福岡市の教員採用試験で出題されたという。「そんなバカな!」。

しかし、ともかく事の真偽を確かめなければならない。よく調べてみると、この予想問題集と福岡市の面接や集団討論、模擬授業などの第二次試験問題案の内容は酷似している。やはり漏れたとしか考えられないようだ。それではどのようにして漏れたのだろうか?

教職員部挙げて行った年末休み返上の関係者への聞き取り調査で、おぼろげながら実態は把握できた。どうも教員のトップの教育委員会理事が関わっているらしい。最悪の事態だ。理事は試験問題検討委員会の委員長でありながら、同窓会の役員をしている先輩の元校長から今年の試験の傾向を聞かれて、概要をしゃべったという。でもはたしてそれだけなのか、そしてまたこの影響はどこまで及んでいるのか。

お正月をまたいでの調査なので、進まないことこの上なかった。いつ新聞に載るのかとの心配もあったが、私たちの方でこれ以上の調査をするには、受験者全員にあたらなければならないというところまできた。外部の受験者に調査を開始すると、この事件の情報は否応なく漏れてしまう。その前にはこちらから、このような事実があったということを情報公開しておきたい。

N新聞社にこのような情況を知らせた次の日、新聞記事は私たちの想像を超えた大きな扱いになっていた。それからは他社も交えた取材合戦。よくテレビで人の事件として見るが、ともかく大変な取材だった。何人もの記者が、どんな小さなことでもいいから他の社に先駆けてニュースを取ろうと、夜討ち朝駆けで私の家やら部課長の家に押しかけた。会議の後には外に待ち構えていた取材陣に囲まれるし、いわゆるぶら下がりという人たちにも追いかけられた。

私たちはできるだけ外の刺激から独立して客観的に、しかしスピード感を持って調査をし、方向を決定していった。また情報はすべて出すという方針を立てて、基本的に毎週一回は共同の記者会見をもつことにした。これで最初の頃の取材合戦はなくなったが、代わりに一週間はずっと同じ会見の模様がＶＴＲで流されるので、どちらが良かったのか分からない。

ともかくこのようにして、一月は真相究明と受験生への対応に追われた。事件の真相を解明するためにあらゆる関係者へ徹底的に聞き取りをし、他方では、漏洩が試験結果にどの程度影響を及ぼしているかをいろいろな角度から分析した。

結論からいえば、最初に調査したとおり理事と先輩校長の間だけのやりとりで、先輩校長はそれを自分で資料集として作成し、その後同窓会の人たちが経緯を知らず印刷して配布したということである。またそれを受け取った受験生は、それが実際の問題案であることを知るよしもない。現にたんなる資料として目を通していない人もいる。

また、これを受け取った受験生とそうでない受験生との間で試験成績に影響が現れたかを一つひとつ分析調査した。結果としてほとんど有意差はみられなかった。

というわけで、新たに再試験をする必要なしとの結論を出した。ただ受験生にはとても迷惑をかけたのできちんと説明しなければならない。一人ひとりに私から手紙を書いて、謝罪しながら今回の事件の真相と私たちが出した結論を説明した。

ところがこの間、件の校長先生が亡くなった。ご自分の行為に責任を感じ、誰にも相談することなく逝ってしまわれたのだ。事件が発覚して早い段階から行方不明になられ、私たちは方々手を尽くしてお捜ししたが間に合わなかった。結局、この方には私たちは直接にお話を聞くことができないままだった。そのようなわけで、私たちはこれ以上自分たちの手で真相究明をすることは困難と判断し、今後の捜査を第三者である司直の手に委ねることにした。

二月は、関係者の処分と再発防止のための試験制度の見直し、三月にはそもそもこのような事件を引き起こした教育委員会の土壌に警鐘を鳴らすために、私はじめ教育委員会の主要メンバーの総辞職、人事の大幅な刷新という形で責任をとらせていただいた。


このような事件を引き起こした教育委員会の土壌とは何か。

それは、自分の関わった後輩たちを何とか立派な教師として育て上げたいという気持ちに由来するものかもしれない。しかし、他者から見ればたんなる身びいきでしかない。身びいきは、大きな視野から見れば公平公正に反する態度である。

教師の世界では、これまで多くがその地域の教員養成大学出身者で占められていた。言わば、みんなが身内なのである。この中でお互いに日頃からの情報が交換され、指導が継続されていくという肯定的な側面はあった。しかし反面、温情に流され厳しさに欠けるという弊害も出てくる。

とくに昨今は指導力不足教員の問題など教師への不信は高まっている。しかしありがたいことに、なお教師というやりがいのある職をめざして、いまではいろいろな大学から教員採用試験に挑戦する人たちは増えている。もうすでに時代は変わっているのである。教師の世界もこの時代の変化に的確に対応すべきであった。児童生徒に社会に通用する正義を教えなければならない教師だからこそ、自らの価値観を正しく律すべきである。

処分が厳しすぎると受け止められた方々も多かったことと思う。しかし、私はあえて子どもたちの前で外にも増して公正公平であるべき教師だからこそ、このような方法を採って、教師一人ひとりの意識レベルの改革まで迫った。思えばこの教育委員長時代にいろいろな改革を実践してきたが、この意識レベルの改革、これがもっとも重要で、しかも達成に時間がかかるものかもしれない。

ありがとう　福岡市総合図書館の今

大変だったがとてもやりがいのある教育長の職を辞して、さてどうしようかと実際は途方に暮れていた。本当は心の中は空っぽだったと言った方がいいかもしれない。忙しいときは紛れるが、少しでも時間が空くと、胸の中を冷たい風が吹き抜ける。

友人たちは「あなたが悪いのではないから」と慰めてくれた。またＰＴＡや学校関係者からは「辞めないで」と励ましの言葉をいただいた。「嘆願書の署名運動をします」とのお話には、正直心が動くこともあった。しかし、自分で決めたことだもの。

ある大学関係者の方がわざわざ訪ねてこられ、「私の大学へ来ませんか」とのとても親切なお誘いをしてくださった。このような時に、本当に涙の出るようなありがたいお話しだった。私にとって出発点の大学に戻ることはとても魅力のあることだ。

「ああ、また若いはつらつとした学生たちと、自由な研究と討論をしてみたい」

新たな大学生活を考えると少し心が明るくなる。

しかし、私の心の中にある「もう少し最前線で直接に市民の方々に触れる仕事をしたい」という気持ちも捨てがたかった。そんなときに市役所から総合図書館の館長という職をいただけることになった。非常勤嘱託の職場ではあるが、ここは初代、二代の館長がともに元九州大学学長を務められた高橋良平先生、田中健蔵先生で、私は個人的にもたいへんお世話になり、尊敬している方々である。図書館なら毎日市民のみなさんに直接触れられる。直接お役に立つ仕事もできるだろう。大学に戻るのをもう少し先延ばしさせていただいて、しばらく図書館で勉強しながら、これから先のことを考えてみよう。


さて、それから二年、今ではすっかり図書館の仕事にはまっている。

図書館は教育委員会の所管であるのだが、ここに来てみて知っているつもりで知らないことばかりなのに愕然とした。まずこの利用者の多さ！　年間二四〇万人、土曜日曜はデパートのようだとは聞いていたが、平日でも一日一万人近くの方にご利用いただいている。書棚には古今東西あらゆる智慧が詰まっている。そしてまたこの施設のすばらしいこと。まさに日本一の図書館だ。

開館した平成九年当時は、広さも蔵書数も文字通り日本一だった。しかしその後いくつかこれよりも大規模な図書館ができたので、今では規模の面ではトップの座を譲っている。それでもなおかつ一番だと言えるのは、この間に研鑽を積み重ねてきた司書の能力の高さと、九州全体を視野に入れた郷土資料が充実していることが、図書館業界の中で高い評価を受けているからである。

さらに総合図書館という名の通り、ここはあらゆる情報のセンターでもある。まず映画フィルムについては、本館のアジア映画のフィルム収蔵数はなんと世界一。これは福岡市がアジアフォーカス映画祭を二十年間継続してきた賜である。このフィルム収蔵のおかげで福岡市総合図書館は諸外国の映画関係者に名前が通っている。こんなことを福岡の人たちがご存じないのが、悔しいくらいだ。またこの収蔵フィルムを中心に、シネラという図書館内の立派な映像ホールで毎日計画的に上映をしている。

また国連寄託図書館も併設しているので、国連を通じて世界の情報がドンドンはいってくる。子ども図書館にはこどもが寝転がって読めるスペースやお話の部屋もあり、いつもボランティアの方でいっぱいだ。福岡市文学館もこの中にある。このようなたくさんの施設の中で、欲しい情報は電子情報、新聞雑誌、新旧の書籍を串刺しにして得ることができるのである。図書館で得られる情報はその質、深みが違うのだ。

西洋では「図書館を見ればその都市の知的レベルが分かる」と言われているそうだが、今ではその意味がほんとうに理解できる。かくいう私自身が「本は買うもの」「調べるのは大学図書館で」などと思っていたのだから、福岡市民の間でもこの総合図書館のことを知らない方は多い。わが国全体を見渡しても、まだまだ公共図書館の役割の認知度は低いようだ。

図書館に限らず、福岡市にはその歴史を含め、自然、施設、先人の知恵など全国に誇れる物がたくさんある。しかし残念なことに福岡市民がそのことに気付いておらず、だから大切にすることもなく、結果的に風化させてしまうことも少なくないようだ。福岡の歴史を振り返ると、そのような事例に出会うことも多い。

私は市役所に勤めて仕事をさせていただいて、この福岡市のすばらしさを知った。このすばらしさをもっともっと多くの人たちに知ってほしいと思う。そしてみなさんがこの福岡市に住んでいることを誇りに感じてほしいと思う。

そんなことを考えさせられる、図書館館長の今である。

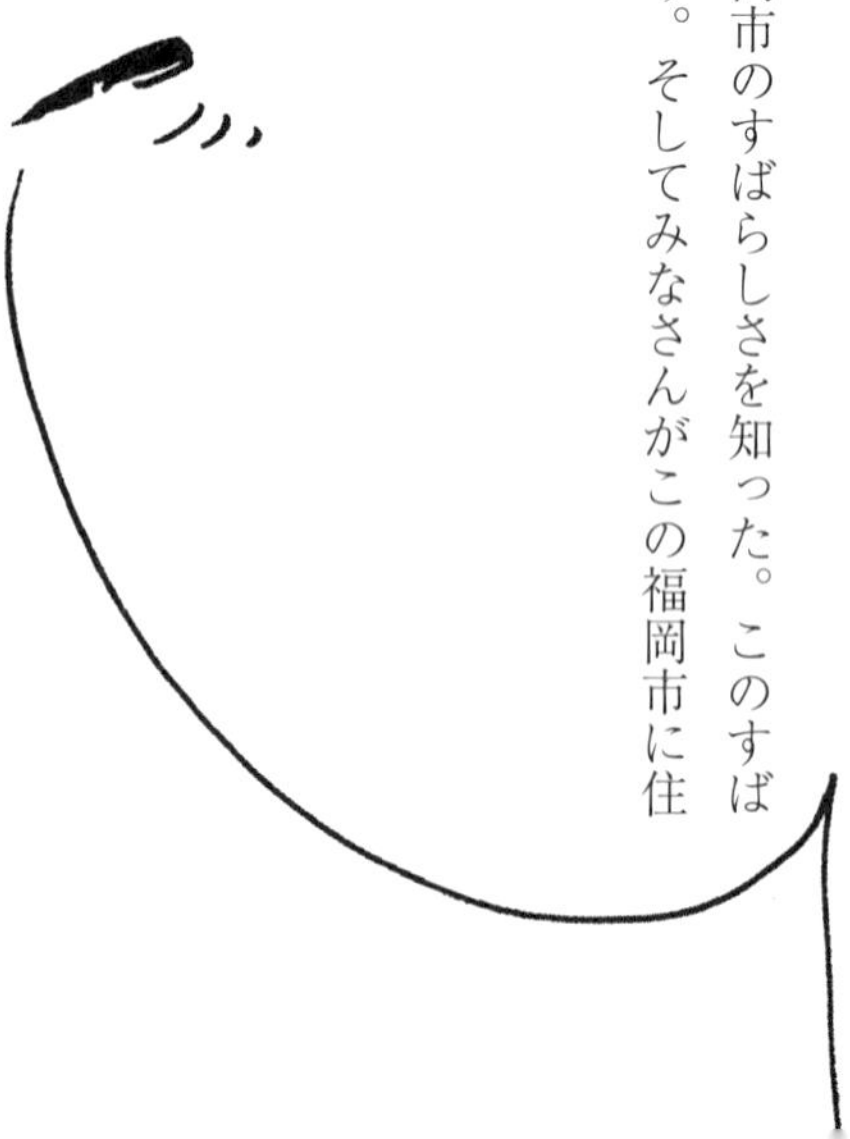

あとがき

平成三年から思いもかけず市役所に勤めるようになり、二十年近くいろいろな仕事をやらせていただきました。それぞれの仕事はとても楽しく、やりがいのあるもので、せいいっぱい努めさせていただいたつもりです。またそれぞれのすべては、もちろん福岡市では女性として初めての仕事であり、さらに福岡市だけではなく全国初というのもいくつもありました。それらをいろいろな反対も心配もあっただろうに私に任せてくださった先輩のみなさん、また私と一緒に働いてくれた同僚、部下のみなさん、本当にありがとうございました。

本書を書こうと思うに至ったのは、市民のみなさんがじつは市役所がどんな仕事をしているのか知らないということが分かったからです。私自身も、役所に入ってすぐ市長に「庁議にオブザーバーとして出席しなさい」とおっしゃっていただき、じっと幹部のみなさんの議論を聞いているうちに「ああ、ここで市民の生活の下支えをしているのだ」と理解したのです。

市役所は市民の生活を規制したり、許可を与えたりする仕事ばかりをしているのではありません。本当は市民生活に問題が生じないように、またより市民生活が豊かになるように願って、毎日仕事をしているのです、そしてこの部分が表に出ている部分よりはるかに大きいのです。市民の目に触れるのは、氷山の一角に過ぎません。このことをみなさんに知っていただきたくて、私の失敗談も含め市役所の仕事の一端を披露させていただきました。

また現在、市役所で働いているみなさんにも、自分はこの仕事をいったい何のためにしているのかを、大きい視点からいま一度考えていただきたく思っています。自分の仕事により誇りをもっていただきたくも思っています。そのためにも本書を読んでいただければとてもうれしいことです。

私はいま、市役所職員になった当初、「私は一般市民と市役所の通訳者の役割をします」と言っていたことを思い出しています。本書はまさにその役割を補うものとして書きました。市役所関係でいろいろ問題が起こるたびに、市民と役所のお互いのコミュニケーションが不足していることを痛感します。市役所はもっともっと情報を開示しなければならないし、市民はもっともっと市政を自分たちのこととして考えなければならないと思います。両者が一緒になって施策を作り、実行するくらいの気持ちが必要です。役所はあくまでも住民の自治のためのお手伝いをするところという気持ちが必要です。それが、本当の意味の住民自治だと考えます。

私は市役所職員を辞したこれからも、いろいろな場で、この市役所と市民とをつなぐ役割を担っていかなければならないと思っています。

二〇〇九年五月十八日

植木とみ子

植木とみ子（うえき・とみこ）　九州大学法学部、九州大学大学院修士、博士課程をへて、長崎大学教育学部講師、助教授に。1991（平成３）年、福岡市に初の女性部長として招かれ、以後、中央区長、市民局長、財団法人福岡市文化芸術振興財団副理事長、環境局長、教育長などを歴任。現在、福岡市総合図書館館長。著書に『現代家族図鑑』、共著に『高齢化社会と家庭生活』（九州大学出版会）、『福岡市の婦人の意識と生活』（福岡市）『座・現代家族法の諸問題』（弘文堂）『歴史を開く愛と結婚』（ドメス出版）『講座・現代家族法・夫婦』（日本評論社）『離婚の比較社会学』（三省堂）『経営人類学ことはじめ　会社とサラリーマン』（東方出版）『日本の家族　身の上相談に見る夫婦、百年の変遷』（海鳥社）などがある。

市役所《おやくしょ》の女《おんな》

■

2009年７月３日発行

■

著　者　植木とみ子

発行者　西　俊明

発行所　有限会社海鳥社

〒810-0074　福岡市中央区大手門３丁目６番13号

電話092（771）0132　FAX092（771）2546

http://www.kaichosha-f.co.jp

印刷　九州コンピュータ印刷

製本　日宝綜合製本株式会社

［定価は表紙カバーに表示］

ISBN978-4-87415-737-4

海鳥社の本

大庄屋走る　小倉藩・村役人の日記　土井重人著

中村平左衛門と小森承之助，小倉藩領で大庄屋を務めた彼らの日記に見る，江戸時代後期の庶民の暮らし。奉行からの無理難題，捕り物やお仕置き，旅のこと，食生活や台所事情，神頼みの厄除けに民間療法まで。

46判／232頁／並製　1700円

中世都市・博多を掘る　大庭康時・佐伯弘次・菅波正人・田上勇一郎 編

1977年の発掘開始以来，多くの遺構と遺物の発見で全国的な注目を集めてきた博多遺跡群。30周年を記念して，第一線の国史学研究者と文化財担当者が結集，最新の調査・研究成果をヴィジュアルに伝える新しいスタンダード。

Ｂ５判変型／256頁／並製　3600円

「蒙古襲来絵詞」を読む　大倉隆二著

鎌倉中期の実録的な戦記絵巻として名高い「蒙古襲来絵詞」の，絵と詞書原文（カラーグラビア），現代語訳をすべて収載。その成立はいつか，描いた絵師は誰か，竹崎季長は何を意図したのか……。「絵詞」をめぐる様々な謎を解き明かす。

Ａ５判／168頁／並製　2000円

太宰府発見　歴史と万葉の旅　森 弘子 著

1000年の時を経て，いま甦る西都大宰府。再建されていた政庁，風水を取り入れた都市設計，筑紫万葉歌にこめられた古人の想い……。最新の調査・研究成果を踏まえ，遠の朝廷の全貌を鮮やかに描き出す。決定版・太宰府案内。

46判／228頁／並製／２刷　1600円

古地図の中の福岡・博多　1800年頃の町並み

宮崎克則＋福岡アーカイブ研究会編　近世の福岡・博多を描いた代表的な古地図「福岡城下町・博多・近隣古図」をもとに，関連史料と現在の景観を参照しつつ，1800年代から現代に至る町の姿を探る。図版・写真計315点掲載。

Ｂ５判変型／154頁／並製／３刷　2500円

日本の家族　身の上相談に見る夫婦、百年の変遷　有地 亨・植木とみ子

この百年で家族，夫婦の関係が大きく変わったけれど，良いことばかりではないようだ。大正・昭和期の「身の上相談」にみる親子・恋愛・夫婦の問題。平塚らいてうなど，著名人の恋愛事情などから日本の家族のありかたが見えてくる。

Ａ５判／326頁／並製／２刷　2200円

＊価格は税別